L'ÉGLISE VOUS AIME

Un chemin d'espérance
pour les divorcés, séparés, remariés

DU MÊME AUTEUR

La foi chez Hegel, Paris, Desclée, 1970.

Commentaire littéral de la Logique de Hegel, Paris, Vrin, 1974.

Pensées des hommes et foi en Jésus-Christ. Pour un discernement intellectuel chrétien. Paris, Lethielleux, 1980 (épuisé).

Les raisons de croire, Paris, Fayard, 1987.

Jésus et ton corps. La morale sexuelle expliquée aux jeunes, Paris, Mame, 1996 (nouvelle édition).

Cohérence de la foi. Essai de théologie fondamentale, Paris, Desclée, 1989.

Par la confiance et l'amour. Un chemin de vie spirituelle avec Thérèse de Lisieux, Louvain-la-Neuve, Edime International, 1991 (diffusion Mame).

Foi et philosophies. Guide pour un discernement chrétien, Namur, Culture et Vérité, 1991 (diffusion Brepols).

Le fondement de la morale. Essai d'éthique philosophique générale, Paris, Éditions du Cerf, 1991.

Série pastorale « Bonnes Nouvelles »
(aux Éditions de l'Emmanuel)

N° 1. – *Marie vous parle La Vierge au cœur d'or ou les apparitions de Beauraing*, 1996.

N° 2. – *« Demandez et vous recevrez. » Dieu exauce-t-il nos prières ?*, 1995.

N° 3. – *La morale en questions. Dialogue à propos de l'Encyclique Veritatis Splendor*, 1994.

N° 4. – *L'Église vous aime. Un chemin d'espérance pour les divorcés, séparés, remariés*, 1996.

N° 5. – *Jésus-Christ, le même hier, aujourd'hui et à jamais*, 1996.

N° 6. – *Viens, Esprit Créateur*, 1997.

N° 7. – *Père, que ton Règne vienne !*, 1998.

Mgr André-Mutien LÉONARD
Évêque de Namur

L'ÉGLISE VOUS AIME

Un chemin d'espérance pour les divorcés, séparés, remariés

« BONNES NOUVELLES » N° 4

Éditions de l'Emmanuel
26 rue de l'Abbé-Grégoire
75006 PARIS
1996

© Éditions de l'Emmanuel, 1996.
26 rue de l'Abbé-Grégoire, 75006 Paris.
Tous droits réservés.

ISBN : 2-911036-76-X

INTRODUCTION

La genèse de ce document

En janvier 1994, lors de sa session annuelle de deux jours, la Conférence épiscopale belge a étudié le difficile problème de l'attitude pastorale à adopter à l'égard des personnes marquées par l'échec conjugal : séparation, divorce, remariage civil. Ce sujet était d'autant plus urgent que se développent souvent en nos pays des pastorales « sauvages » déployant toutes sortes de pratiques allant de la fermeture intégrale au laxisme le moins éclairé. Nous nous étions quittés en nous étant mis d'accord sur les points les plus névralgiques en vue d'une pastorale commune pour tout le pays et avec l'intention soit de publier un jour une note collective soit même de publier sans tarder pour nos diocèses respectifs des directives qui reprendraient les points de repère essentiels et les présenteraient à nos diocésains. C'est à cette dernière proposition que, à l'instar de quelques autres, je m'étais personnellement résolu. Depuis lors a paru, à la fin de 1994, la Lettre de la Congrégation pour la Doctrine de la Foi concernant l'accès des divorcés remariés à la communion eucharistique. On se souvient des remous médiatiques provoqués par ce document. Ils m'ont renforcé dans la conviction qu'il était plus urgent que jamais de publier un texte qui fasse le point sur les pratiques pastorales à mettre en œuvre en cette matière difficile. Tirant les conclusions de mes réflexions avec mes confrères évêques, de la lecture de nombreux ouvrages, de fréquents échanges sur ces questions avec les diocésains lors de conférences-débats et des rencontres que, en concertation avec la Commission de pastorale familiale diocésaine, j'ai le bonheur de vivre en compagnie de personnes séparées, divorcées et remariées, j'ai donc rédigé un premier texte qui fut soumis à la lecture critique de nombreuses personnes et instances concernées par cette question.[1] Ayant bénéficié de leurs remarques et prenant ensuite mes responsabilités, j'ai mis au point le document que voici. Il ne s'agit pas d'un texte administratif ou simplement juridique. Les questions les plus importantes y sont, certes, traitées avec un

---

1. Parmi ces instances, je mentionne en particulier la Commission diocésaine de pastorale familiale, laquelle avait déjà consacré une journée à cette problématique en novembre 1994.

souci de cohérence et de rigueur, mais dans une langue familière où le cœur s'exprime autant que la raison.

Tous les thèmes de la pastorale familiale ne sont pas ici abordés, mais seulement la problématique liée aux échecs conjugaux. Par contre, le ton adopté est celui qui devrait animer tous les secteurs d'une telle pastorale, à savoir le ton de l'encouragement et de l'espérance.

L'encouragement aux jeunes couples et aux familles unies

La pastorale familiale diocésaine est avant tout une pastorale d'encouragement. Encouragement tout d'abord aux couples unis et aux familles heureuses afin qu'elles persévèrent sur le chemin exigeant de l'amour vrai.

De ce point de vue, comment ne pas être édifié par les « célébrations de la Visitation » spécialement adressées aux jeunes couples avec des enfants et, notamment, aux femmes enceintes ? Nous vivons cela chaque année à Beauraing aux environs de la fête de la Visitation de Marie à sa cousine Élisabeth. La crypte du sanctuaire marial est remplie de quelques centaines de personnes. Beaucoup de jeunes papas et de jeunes mamans. Une foule remuante d'enfants. Et bon nombre de ventres arrondis : les futures mamans avec leur enfant abrité en elles... La scène de la Visitation parle au cœur de chacun, en mettant en évidence les deux personnages qu'on ne voit pas, mais qui jouent le rôle décisif : Jésus dans le sein de Marie et Jean-Baptiste dans le sein d'Élisabeth. Au moment du baiser de paix, je prends le temps d'accueillir longuement les familles présentes. Avant qu'elles ne passent devant Jésus-Eucharistie et déposent devant l'autel un petit luminaire, je les reçois pour une bénédiction personnalisée. Je les bénis au nom du Père (sur le front du papa), au nom du Fils (sur le front de la maman) et du Saint-Esprit (sur l'enfant à naître ou sur ceux qui sont déjà nés). C'est le moment de rapides confidences sur des difficultés en couple, sur la santé du conjoint ou des enfants, sur le handicap dont on sait affecté l'enfant à naître, etc. C'est aussi, et le plus souvent, un moment de fierté et d'action de grâce. Fierté de ce que les enfants soient accueillis par le Seigneur. Y compris ceux qui sont encore dans le ventre maternel ! Action de grâce pour les joies toutes simples de la vie familiale. Après quoi, tous ensemble, nous nous confions au Seigneur reçu dans la communion eucharistique. Merci aux laïcs qui ont imaginé ce genre de célébrations familiales et à l'équipe diocésaine de pastorale familiale qui les encourage et cherche à les multiplier selon les régions. Combien de fois, dans mes tournées pastorales, n'ai-je pas rencontré des mamans qui me présentent leur enfant en me disant : « Vous l'avez déjà béni au dedans, à Beauraing, et maintenant je vous le présente au dehors ! ».

L'encouragement aux victimes de l'échec conjugal

Oui, les familles ont besoin de ce genre d'encouragement et de beaucoup d'autres encore. Les familles unies et heureuses – autant qu'on peut l'être ici-bas – mais aussi les familles et les personnes éprouvées par l'échec conjugal ou familial. Elles sont, hélas ! légion dans nos sociétés dites avancées. Dans les pays d'Europe occidentale, environ un couple sur trois aboutit à la dislocation. Dans les grandes villes, la proportion des échecs conjugaux atteint la moitié. C'est un phénomène de société très grave, qui frappe de plein fouet non seulement les conjoints, mais aussi les enfants. Un énorme gâchis humain et spirituel !

Le pari de conjuguer vérité et miséricorde

Cette situation représente un défi pastoral majeur pour l'Église. Comment encourager aussi ces familles disloquées ou recomposées, comment les accueillir et les aider dans la charité et la vérité du cœur du Christ ? Comment être auprès d'elles un relais de la miséricorde à la fois patiente et exigeante du Seigneur ?

Dans chaque doyenné que je visite, je fais une causerie, suivie d'un débat, sur les principales questions qui gravitent autour de l'amour humain et de la famille. J'y aborde, entre autres, les problèmes névralgiques posés par les échecs conjugaux. Force est de le constater : le véritable enseignement de l'Église en la matière est généralement mal connu, mais il est accueilli avec une réelle ouverture de cœur quand on prend la peine de l'expliquer avec douceur et patience.

Même expérience lors des journées d'accueil pour personnes séparées, divorcées ou remariées qu'organisent des chrétiens vivant cette situation et auxquelles ils m'invitent avec le soutien de la Commission diocésaine de pastorale familiale. Journées difficiles au départ, tendues à certains moments, mais toujours bénies en fin de compte. Nous nous y retrouvons à cent, voire deux cents personnes, parfois plus. Le programme prévoit des enseignements, des témoignages, des échanges par groupe, des temps d'écoute fraternelle, de prière et d'adoration. Le bonheur est déjà grand, pour nombre de ces personnes, de se sentir accueillies, de « compter » dans l'Église, de pouvoir partager leur souffrance, leur espérance. Souvent sortent les rancœurs à l'égard de l'enseignement de l'Église, du moins tel qu'il est perçu habituellement. Au terme de ces journées, un bout de chemin a pu être parcouru. Toujours à la fois dans la vérité et la charité. Les enseignements et les témoignages sont tous parfaitement fidèles à la parole du Seigneur et de l'Église, jusque dans les conséquences les plus abruptes. Mais tout se passe dans un respect intégral du cheminement de chacun et avec un grand sens des nuances. Là aussi, la preuve se fait par l'expérience que la vérité du Christ et de l'Église peut être accueillie positivement quand elle est proposée dans un contexte d'amour bienveillant et patient, et non sous la forme d'interdits sommaires.

Les divers thèmes à aborder dans cet esprit

C'est dans le même esprit que je voudrais traiter ici l'ensemble de ces questions pastorales si importantes et si délicates. Je le ferai de manière progressive en abordant, l'une après l'autre, les nombreuses données du problème. Voici, dans l'ordre, les principaux enjeux à parcourir et autour desquels s'organiseront tous les autres éléments à prendre en considération :

1. L'importance de la préparation au mariage chrétien ;
2. La fidélité à la grâce du sacrement ;
3. La traversée des inévitables épreuves ;
4. Les cas d'impasse ;
5. Le recours à la déclaration de nullité du mariage ;
6. La fidélité au conjoint absent ;
7. Les problèmes posés par un remariage civil ;
8. La place des divorcés remariés dans l'Église ;
9. La question délicate de l'accès à la communion eucharistique ;
10. La juste compréhension du recours à la conscience.

Au moment de me mettre à l'ouvrage, j'implore la grâce de l'Esprit Saint afin de traiter toutes ces questions délicates selon le cœur du Christ. Puisse chaque phrase exprimer fidèlement le souci de rendre simultanément justice à la vérité et à la miséricorde du Père !

† André-Mutien,
évêque de Namur.

I

L'IMPORTANCE DE LA PRÉPARATION AU MARIAGE

Le beau et redoutable pari du mariage chrétien

À notre époque de « libération » sexuelle – et souvent aussi d'« esclavage » sexuel –, trop de gens s'engagent dans les liens du mariage civil et religieux sans la préparation suffisante. Quand on a déjà couru plusieurs aventures amoureuses et sexuelles sans engagement irréversible de la personne, il n'y a guère de raison que la « nième » aventure improvisée soit plus solide que les précédentes simplement parce qu'on l'accompagne d'un cérémonial public.

Le mariage chrétien, en particulier, demande une réflexion et une maturation considérables avant de s'y engager valablement. Il ne s'agit pas seulement de se marier « à l'église » (un petit rite permettant de belles photos), mais de se marier « dans le Seigneur », comme dit saint Paul. Ce n'est pas une mince aventure ! L'homme et la femme qui se marient « dans le Seigneur » font librement le pari de s'aimer d'un amour qui ressemble à l'amour qui unit le Christ et son Église... Il faut bien voir qu'il s'agit d'un pari démesuré. Il n'est plus question de s'aimer à la mesure des capacités et des limites de deux cœurs humains, mais à la mesure du cœur de Jésus lui-même : « Aimez-vous les uns les autres comme moi je vous ai aimés ». Certes, il n'y a rien de plus beau que de confier ainsi la fragilité de nos amours humaines à la solidité sans faille de l'amour du Christ. Mais, en même temps, quelle redoutable exigence ! Dire à son conjoint : « Je veux t'aimer dans le Seigneur et à sa manière » ! C'est ici que s'enracine l'indissolubilité du mariage chrétien, sans oublier son fondement naturel dans la dignité de la personne humaine créée à l'image de Dieu. Le Seigneur, en effet, ne nous aime pas pour un temps et sous condition. Même si nous le trahissons, il continuera à nous aimer fidèlement. Il ne se reprendra jamais. Ceux qui se marient dans le Seigneur, s'ils savent ce qu'ils font, prennent le même engagement : « Je me lie à toi sans retour, pour le meilleur et pour le pire ; même si, par malheur, tu devais me trahir, je ne t'abandonnerai jamais ». Avant de s'engager de cette manière, il vaut mieux prendre le temps de s'examiner chacun, de réfléchir ensemble et de discuter le coup à l'aise.

À propos d'engagements d'un tel prix, Jésus a raconté une petite parabole bien instructive : « Qui de vous, dit-il, s'il veut bâtir une tour, ne commence par s'asseoir pour calculer la dépense et voir s'il a de quoi aller jusqu'au bout ? De peur que, s'il pose les fondations et se trouve ensuite incapable d'achever, tous ceux qui le verront ne se mettent à se moquer de lui, en disant : "Voilà un homme qui a commencé de bâtir et a été incapable d'achever !" » (Lc 14, 28-30).

Ne pas s'engager précipitamment dans le mariage chrétien

Un des problèmes pastoraux les plus douloureux que rencontrent mes confrères prêtres en paroisse, c'est celui de la disproportion entre la demande encore abondante de sacrements ou de cérémonies religieuses et la motivation spirituelle souvent très pauvre qui l'inspire. On demande encore beaucoup le baptême, la première communion, la profession de foi, la confirmation, le mariage à l'église, mais avec quelle motivation, avec quel engagement authentique de la liberté ? Combien de fois n'a-t-on pas l'impression qu'il s'agit, pour une bonne part, de s'offrir une fête et un rite social ?

Bien sûr, l'Église ne réserve pas ses trésors aux seuls militants convaincus. Elle sait bien que, derrière des motivations souvent superficielles et peu engageantes, couvent malgré tout une certaine ouverture au sens sacré des grandes étapes de la vie et un réel désir de Dieu. C'est pourquoi, au lieu de rejeter ces demandes imparfaitement motivées, elle préfère les accueillir avec discernement, en posant quelques exigences minimales afin de les faire évoluer vers une démarche de foi plus authentique. Mais c'est au prix de gros efforts, de quelques très belles joies et de nombreuses déceptions.

En ce qui concerne le mariage, en particulier, combien de fois ne vient-on pas trouver le curé – je caricature à peine – en lui disant : « Monsieur le Curé, nous avons réservé la salle du banquet pour dans deux mois ; pourriez-vous faire vite les formalités nécessaires à notre mariage ?.. » Et si le curé répond qu'il faudrait un temps de préparation, qu'il conviendrait de participer à une session de fiancés, c'est tout juste si on ne le regarde pas aussitôt de travers : « Que nous veut cet empêcheur de se marier en rond ? ».

Étrange conception des choses ! La plupart des chrétiens considèrent comme normal qu'il faille deux ans de noviciat avant de s'engager dans la vie religieuse, six ans de séminaire avant d'être ordonné prêtre. Mais pour se marier dans le Seigneur, cela pourrait s'improviser en quelques semaines ! Certes, la vocation au mariage est plus spontanément normale que le célibat consacré et il ne viendrait pas à l'esprit d'exiger des fiancés six ans de postulat avant de pouvoir se marier à l'église... Mais quand même il y a un minimum de préparation auquel nul ne devrait se soustraire.

Sans cette préparation minimale, le risque est grand que l'on s'engage dans un mariage sacramentel prématuré, où il y aura juste ce qu'il faut pour que le mariage soit valide, mais où manquera la motivation spirituelle indispensable pour un lien durable. Et ce sera le dérapage au premier tournant...

S'approcher du mariage religieux par étapes ?

Dans bien des cas, voyant l'impréparation de nombreux couples, les pasteurs aimeraient pouvoir les dissuader de contracter d'emblée un mariage sacramentel. Entreprise délicate s'il en est, car on ne peut méconnaître le « droit » des baptisés à conclure leur union conjugale devant Dieu et l'Église. Dans certains cas, on pourra cependant, sans trop de problèmes, recommander de surseoir à la conclusion du mariage religieux. Peut-être pourra-t-on un jour en venir à ce qui existe dans d'autres cultures ou en revenir à ce que représentaient jadis les fiançailles, à savoir à un engagement déjà religieux, mais qui n'est pas encore le mariage sacramentel définitif. Il ne s'agirait pas d'une étape *dans* le mariage religieux, car celui-ci est ou n'est pas, sans qu'il puisse être question d'une progression par étapes, mais plutôt d'une étape *vers* le mariage sacramentel. Mais même cette pratique nuancée ne serait pas sans poser de redoutables questions pastorales. Suivant quels critères non discriminatoires accepterait-on les uns, immédiatement, au mariage sacramentel et les autres seulement à une étape préalable devant y préparer. De plus, l'Église tenant avec raison que le seul mariage acceptable pour des baptisés est le mariage sacramentel, les pasteurs, en décourageant un mariage religieux prématuré, sembleraient encourager en bien des cas le concubinage, compte tenu de l'habitude fréquente aujourd'hui de vivre ensemble avant le mariage. Or l'intention de l'Église, en pareille hypothèse, ne serait évidemment pas d'encourager le concubinage ou le mariage à l'essai ! Au contraire, l'Église demeure convaincue que des baptisés ne devraient se donner complètement l'un à l'autre, dans leur cœur et dans leur corps, que lorsque le Seigneur lui-même, qui est au centre de leur amour, les a donnés l'un à l'autre dans le sacrement de mariage. Et la voix de l'Église commence à être à nouveau entendue en ce domaine puisque, de par le monde, des dizaines de milliers de jeunes prennent, devant le Seigneur, l'engagement de ne pas avoir de relations sexuelles avant le mariage. Comme quoi un renouveau des mœurs est toujours possible ![2]

Qu'il soit donc bien clair qu'en proposant, à l'occasion, une pastorale de dissuasion à l'égard d'un mariage religieux précipité, l'Église n'entend en aucune manière encourager la cohabitation sans mariage – laquelle demeure un mal, surtout pour des baptisés –, mais simplement éviter la conclusion prématurée de mariages sacramentels qui n'ont aucune chance de tenir – ce qui est un

---

2. Sur la question des relations sexuelles avant le mariage et le prétendu mariage à l'essai, comme sur toutes les questions qui concernent la morale sexuelle, je me permets de renvoyer à mon ouvrage : *Jésus et ton corps. La morale sexuelle expliquée aux jeunes*, Paris, Mame, 1996 (nouvelle édition).

encore. Car c'est bien là le caractère dramatique de nombre de situations : on réclame, parfois avec insistance, le mariage à l'église, on fait juste ce qu'il faut pour que le mariage soit juridiquement valide, mais sans la préparation humaine et spirituelle vraiment suffisante, et ensuite on se retrouve, quelques mois plus tard, avec les conséquences à long terme d'un mariage indissoluble… Que de malheurs on se serait épargnés en prenant le temps de mûrir son engagement !

Un grand merci aux mouvements de préparation au mariage !

En attendant, que soient vivement remerciés tous ceux, prêtres, couples, conseillers conjugaux, psychologues, médecins, juristes et canonistes, qui aident des jeunes à se préparer valablement au mariage en toutes ses dimensions. Je dis « toutes », car il ne peut s'agir uniquement d'une information technique, médicale et juridique. La dimension proprement spirituelle et sacramentelle du mariage doit être abordée en profondeur. On ne devrait pas non plus y omettre une information de qualité sur les méthodes naturelles de régulation des naissances – aujourd'hui parfaitement fiables quand il s'agit des meilleures – approuvées par l'Église de préférence à la contraception. Elles représentent un trésor d'épanouissement encore largement méconnu en raison de préjugés persistants. Loin d'être rétrograde comme on l'entend souvent dire, la voix de l'Église est particulièrement prophétique en cette matière.[3]

La tâche n'est pas aisée, car beaucoup de couples se montrent, à tort, réticents à ce genre de préparation ou n'y viennent qu'avec des pieds de plomb. Mais, heureux paradoxe, une fois qu'ils sont venus, ils s'en trouvent généralement très contents et forment le vœu que chacun puisse bénéficier d'une telle introduction à la célébration du mariage religieux.

Un merci particulier, dès lors, aux mouvements de préparation au mariage, dans la mesure, bien sûr, où ils s'efforcent effectivement de proposer aux couples une telle initiation à toutes les dimensions du mariage chrétien en pleine conformité avec l'enseignement du Seigneur et de son Église.

---

[3]. Cf., sur la question détaillée de la contraception, mon ouvrage *Jésus et ton corps*.

II

LA FIDÉLITÉ À LA GRÂCE DU SACREMENT

Pas d'efficacité magique des sacrements !

À supposer – c'est la meilleure des hypothèses – qu'on se soit préparé soigneusement à la célébration du sacrement de mariage, celui-ci n'offre pas par lui seul, de manière quasi magique, une garantie de stabilité pour le couple. Elle est grande, pourtant, la puissance de vie et de sanctification que le Seigneur fait couler dans les sept sacrements de son Église. En chaque sacrement il y a, en vérité, de quoi faire de nous des saints et nous conduire ainsi à la pleine réussite de notre vie humaine. Mais cette efficacité divine passe aussi par notre liberté ! La semence la plus riche, si elle ne tombe pas dans une bonne terre accueillante, demeure sans fruit visible. Il est excellent et même indispensable de baptiser les enfants et ensuite de les confirmer, mais si, par après, on se désintéresse totalement de leur éducation chrétienne, la grâce de l'initiation chrétienne sera privée de nombre de ses fruits. Communier au corps du Christ est un don merveilleux. Comme on nous l'enseignait lors de notre préparation à la communion solennelle, une seule communion suffirait à faire de nous des saints ! À condition de la recevoir de tout son cœur... Mais si je communie distraitement, si je consomme l'hostie d'un geste mécanique, sans foi et sans amour, c'est en vain que le Seigneur se donne à moi. Semblablement, il ne suffit pas d'être ordonné prêtre validement pour que mon ministère ait automatiquement toute l'efficacité que le Seigneur en attend pour son peuple. Certes, même si je célèbre les sacrements sans ferveur, ils sont valides et efficaces, mais le rayonnement spirituel de mon ministère sera gravement compromis. J'ai beau avoir été ordonné dans les règles, si ensuite je ne laisse pas se développer en moi la grâce du sacrement de l'ordre, si je ne prends plus le temps de la prière, si je ne me ressource pas spirituellement, si je ne me confesse jamais, je pourrai bien être un « fonctionnaire de Dieu », mais il me manquera ce qui est peut-être le plus précieux dans le témoignage d'un prêtre et dont les fidèles remarquent aussitôt la présence ou l'absence, à savoir cette flamme d'amour par laquelle le sacerdoce de Jésus consume ma vie.

Vivre de son sacrement de mariage

Même chose pour le sacrement de mariage. C'est très bien de se marier à l'église après s'y être adéquatement préparé. Mais après cela il ne faut pas fermer la parenthèse ! La célébration valide et même soignée du sacrement n'est pas une garantie magique de réussite pour le couple. Encore faut-il vivre en fidélité à la grâce reçue, laquelle, je le répète, peut conduire le couple à la plus haute sainteté. Mais si, après s'être mariés religieusement, on se comporte ensuite en faisant totalement l'impasse sur la vie chrétienne, si l'on ne prie jamais ni personnellement ni en couple, si l'on ne confie jamais ses fautes à la miséricorde de Dieu dans le sacrement du pardon, si l'on ne se nourrit plus jamais du Corps de Jésus dans l'Eucharistie, si l'on ne prend pas régulièrement le temps de se parler en profondeur, si l'on ne s'interroge pas, en couple, sur sa mission d'époux et de parents, la grâce du sacrement, tout en étant là, disponible, demeurera stérile de notre faute.

Bref, beaucoup de couples mariés dans le Seigneur échouent cependant très rapidement parce que la célébration du mariage n'a pas été suivie, au quotidien, par une vie chrétienne authentique. C'est le service après vente qui a fait défaut, et ici par la négligence du client... C'est comme si j'achetais une voiture performante, mais ensuite ne prenais jamais plus la peine de l'entretenir. Elle sera vite en panne ! Combien de chrétiens ne se contentent pas de la formule passe-partout : « Oh moi, je suis croyant, mais pas pratiquant ». Pauvre foi qui ne se nourrit pas d'une pratique vivante et régulière ! Tu crois, dis-tu. Tu crois que Jésus est le Fils même de Dieu venu en ce monde. Tu crois qu'en lui la vie éternelle t'est offerte dès aujourd'hui et par delà la mort. Tu crois – puisque tu prétends être croyant – que c'est lui qui t'a donné ton conjoint et t'a donné à lui, tu crois que sa vie immortelle se donne à toi dans l'Eucharistie, tu crois qu'à chaque instant tu peux le rejoindre par la prière dans l'Esprit Saint, tu crois qu'il te pardonne tes fautes dans le sacrement de sa miséricorde, tu crois tout cela de tout ton cœur – puisque tu prétends être croyant –, tu crois qu'en vivant en étroite communion avec lui tu puiseras à la source la plus sûre de ton bonheur... et de tout cela tu tires la conclusion qu'il est superflu de pratiquer, qu'il est secondaire de le rejoindre là où il t'a promis qu'à coup sûr tu le trouverais : « Prenez et mangez, ceci est mon corps livré pour vous » ! C'est une inconséquence ruineuse. Mais combien de couples chrétiens périssent de cette inconséquence !

III

LA TRAVERSÉE
DES INÉVITABLES ÉPREUVES

Les retombées d'une culture de l'immédiat

Notre culture présente comporte bien des traits positifs dont il convient de se réjouir. Mais elle a aussi ses travers dont il vaut mieux être conscient. Parmi ceux-ci, j'attire ici l'attention sur le goût de l'immédiat, sur l'engouement pour ce qui change sans cesse. Jadis, toute la pédagogie scolaire était orientée vers l'effort de l'abstraction. Nous étions encouragés à franchir au plus vite le seuil qui nous verrait abandonner les livres illustrés pour nous enfoncer dans la lecture et l'étude de manuels ne comportant que du texte. Aujourd'hui, par contre, même la plupart des adultes ne se nourrissent plus que d'une information véhiculée sous forme d'images. On ne lit plus guère d'ouvrages de fond, on « zappe » des séquences télévisées. Voyez certaines classes (pas toutes heureusement !) : au lieu de passer au plus vite à une information approfondie et à une réflexion exigeante, on s'éternise dans l'assemblage de photos, la manipulation d'objets, le coloriage de documents, etc. Toutes choses qui conviennent, certes, pour de jeunes enfants chez lesquels la pensée passe par le geste, mais dont les adolescents doivent progressivement apprendre à se dégager. Rares sont, pourtant, les jeunes auxquels on donne suffisamment tôt le goût de l'effort intellectuel prolongé, dans l'austérité d'un dialogue muet avec quelques livres coriaces. Certains ne découvrent les exigences d'un investissement à long terme qu'une fois parvenus à l'Université. Et encore... Bref, la culture actuelle nous apprend très peu à durer dans l'effort, à persévérer fidèlement dans la grisaille d'une tâche quotidienne.

On n'a évoqué ici, à titre d'exemple, que l'aspect de l'étude et de l'information. Mais nous pourrions extrapoler ces réflexions à d'autres dimensions de la vie. Nous sommes dans une période où les gens fonctionnent surtout au sentiment immédiat, selon les réactions spontanées. Un événement se produit-il dans la société civile ou dans l'Église ? Chacun exprime son avis, parfois de manière passionnelle, et presque toujours dans une large ignorance du dossier. On s'enflamme, on signe des pétitions. Et puis, quelques mois plus tard, tout retombe dans l'oubli si bien que cette agitation d'un moment n'a porté aucun fruit durable. Alors que – l'expérience le montre – l'avenir est à ceux qui savent analyser patiemment une situation et ensuite, contre vents et marées, persévérer souplement dans l'effort pour mener à terme l'objectif raisonné que l'on s'est fixé après mûre réflexion.

La fragilité du simple sentiment amoureux

En amour, il en va de même à certains égards. Certes, il y a légitimement, dans l'élan qui nous porte vers une personne aimée, une part de spontanéité irréfléchie. L'amour n'est pas la conclusion d'un raisonnement. Mais l'amour vrai est appelé à s'élever aussi à la patience et à la fidélité qui caractérisent une personne adulte. L'amour n'est pas qu'affaire de sentiment passager, il est aussi une question de volonté désireuse de s'engager à l'égard de la personne même de l'autre. Or, sur ce plan aussi, toute une part de notre culture idolâtre l'aventure passagère, la relation sans lendemain, où le besoin d'aimer trouve un exutoire à bon marché sans que le cœur s'éduque au don authentique de soi-même. Que de feuilletons télévisés, que de spots publicitaires présentent implicitement l'amour humain comme une étincelle qui s'allume au hasard d'une rencontre de vacances, pour briller pendant le bref moment où chacun y trouve son compte sans effort, avant de s'effacer au profit d'une nouvelle amourette tout aussi éphémère !

Même si, au fond d'eux-mêmes et quand ils expriment vraiment leur pensée, la plupart des jeunes récusent cette conception mercantile de l'amour et rêvent d'un engagement durable à l'égard d'un partenaire aimé vraiment pour lui-même, ils sont cependant inévitablement marqués par cette culture de l'amour immédiat et du sexe facile. Les loisirs que leur impose la société de consommation les enferment, notamment, dans une vision de l'amour qui flatte bien leurs besoins superficiels, mais en contredisant leurs aspirations profondes.

Apprendre à durer dans la volonté d'aimer

Dans un tel contexte, on comprend que beaucoup de couples, noués pourtant sur la base de sentiments sincères, sont peu préparés à durer et à grandir dans la fidélité de l'amour vécu au quotidien. La difficulté à persévérer volontairement et patiemment dans le don de soi à l'autre révèle une grave lacune au départ : on a trop construit sur les sables mouvants du sentiment immédiat, pas assez sur le roc solide de la volonté qui a fait l'apprentissage de l'autre et cherche à se donner à lui de tout cœur.

À la première secousse, on est alors ébranlé dangereusement. Or les secousses sont inévitables une fois que l'on s'est engagé dans la vie commune. Il n'y a pas de « mariage à l'essai » qui tienne. La cohabitation ne manifeste pas encore le sérieux de la vie, chacun pouvant, à chaque instant, reprendre ses billes et tenter sa chance ailleurs. Tout change de sens lorsqu'on se trouve résolument engagé dans la vie commune. Alors commence l'épreuve de la durée et de la fidélité. Épreuve qui portera un beau fruit d'amour authentique si on la traverse dans la fidélité mutuellement consentie du don de soi à l'autre. Mais épreuve tout de même... Si l'on a été peu préparé à l'effort qui dure, à l'engagement à long terme, l'épreuve, surtout si elle se répète, risque vite de paraître insurmontable.

Combien de jeunes couples, tout en aimant sincèrement, n'en viennent pas aujourd'hui, dès la première bourrasque, à parler de séparation, voire même de divorce. Ils y sont d'ailleurs encouragés par une législation civile qui « démarie » avec une légèreté qui est à l'image de la facilité avec laquelle notre culture médiatique pousse à des liaisons sans lendemain. Heureux sont-ils quand ils peuvent confier leurs premières épreuves d'amour à leurs parents ou à des couples ayant déjà de la bouteille ! Ceux-ci savent que leur amour a déjà traversé bien des tempêtes. Ils ont appris, dans les moments difficiles, à faire le gros dos et à passer entre les gouttes. Soutenus par leur éducation antérieure, ils ont fait l'expérience que leur amour s'est précisément fortifié à travers les secousses et que leur joie paisible d'être ensemble s'est tissée à travers mille raccommodages.

Une aide précieuse

J'évoquais à l'instant l'aide que de jeunes couples, en proie à leurs premières crises, peuvent trouver parfois – pas toujours, hélas ! – auprès de leurs parents ou de couples amis et déjà expérimentés. Mais il convient d'élargir l'éventail des secours possibles. Pour certains, la participation à un groupe de foyers sera bénéfique. D'autres recourront avec profit aux conseils d'un conseiller conjugal ou d'un psychologue averti. Un prêtre ou un diacre en qui l'on a pleine confiance pourra fournir aussi un précieux éclairage.

Mais pour tous, quelles que soient les habitudes sociales et les traditions culturelles des couples concernés, l'ouverture du cœur à Dieu et le contact confiant avec des frères et des sœurs dans la foi seront d'un profit inestimable. Vous passez par une période orageuse dans votre vie de couple ? Mettez dans le coup Celui qui vous a unis et donnés l'un à l'autre ! Allez confier votre cœur blessé à un cœur plus grand et plus blessé que le vôtre, le cœur du Christ, le cœur humain de Dieu lui-même. N'ayez pas peur ! L'Esprit Saint est là qui prie en vous. La miséricorde de Dieu n'est pas là pour les gens sans problèmes, mais pour vous. Et l'Eucharistie n'a pas été inventée pour les anges, mais pour nos âmes et nos corps d'êtres humains.

Peut-être as-tu besoin de vivre cette foi en Dieu et en Jésus dans un contexte fraternel plus chaleureux ? Vois s'il n'y a pas dans ta paroisse ou dans ta région un groupe de prière accueillant où tu seras fraternellement reçu avec tes angoisses et tes doutes. En nos pays existent aussi des sessions où, dans un climat de foi authentique, se pratique l'écoute fraternelle : Paray-le-Monial, Lisieux, Lourdes, Beauraing, etc. Je suis personnellement témoin des grandes grâces qu'y reçoivent des couples au bord de la rupture. Chacun y est le bienvenu. Les métiers les plus simples y côtoient les professions libérales les plus prestigieuses. Ceux qui parlent facilement, et ceux qui peinent à s'exprimer. Et l'on s'y dégèle ! Soutenus par les frères et sœurs, on ose croire la stricte vérité, à savoir que le Seigneur m'aime, moi, qu'il s'intéresse passionnément à notre couple, qu'il est avec nous dans l'épreuve pour en faire une crise de croissance. Et surtout on y apprend à être pardonné et à pardonner. C'est peut-être la plus grande grâce d'une vie chrétienne vécue en climat de fraternité.

La grâce irremplaçable du pardon

Je le dis sérieusement : beaucoup de gens périssent par manque de miséricorde. Et beaucoup de couples échouent par manque de pardon. On accumule rancœur sur rancœur, amertume sur amertume. L'abcès gonfle et n'est jamais crevé une bonne fois. Ô grand bonheur de pouvoir enfin vider son cœur dans un cœur plus grand, de pouvoir déverser toute cette lie en putréfaction dans l'océan limpide de la miséricorde. Nous sommes devenus des nains fanfarons ! Nous vivons comme si nous pouvions nous passer du pardon de Dieu. La source est là qui coule, toujours disponible et, dans notre mesquine suffisance, nous mourons de soif à côté, et nous nous plaignons que notre amour se déshydrate... Bienheureuse heure de grâce lorsque, à la faveur d'un pèlerinage, d'une réunion de prière, d'une session du Renouveau ou d'une simple célébration pénitentielle en paroisse (à condition qu'on y fasse place, comme il se doit, à un aveu et un pardon personnels), le cœur de pierre, enfin, se brise, souvent dans les larmes. Grâce profondément personnelle, mais qui rejaillit aussitôt sur le couple, car c'est en étant pardonné qu'on apprend à pardonner, c'est en étant le bénéficiaire de la patience divine qu'on entre soi-même dans la patience de l'amour.

De grâce (au sens plein du terme !), ne dites donc pas trop vite : « Notre amour est foutu, notre couple est en l'air ». Appuyez-vous sur le don de Dieu. Il est capable de vous sauver. Et faites-vous aider par tous ceux qui peuvent vous éclairer ou vous soutenir. Et surtout, réapprenez la force du pardon reçu et partagé. Croyez-moi : nous sommes beaucoup trop timides dans la confiance en la grâce du sacrement qui unit, en Dieu, l'homme et la femme. Nous manquons d'audace dans le recours à la Providence divine et au soutien de nos frères dans la foi. Réapprenons ensemble à traverser les épreuves ! Et tout ce que nous aurons ainsi appris, nous pourrons ensuite le vivre également dans les moments de paix. Car la vie conjugale n'est pas faite que de moments difficiles, Dieu merci ! C'est aussi aux heures d'harmonie que les époux doivent grandir, positivement, grâce au dialogue amical, à la prière commune et aux partage des responsabilités.

IV

LES CAS D'IMPASSE

Des situations humainement bloquées

Malgré tout ce qui vient d'être dit, il reste qu'il y a, même pour des couples qui se sont bien préparés au mariage et se sont efforcés d'être fidèles à la grâce du sacrement, des situations qui, à vue humaine, semblent définitivement bloquées. Je précise : « à vue humaine », parce que, sans doute, si l'on employait résolument toutes les ressources de la nature et de la grâce, on pourrait vraisemblablement traverser victorieusement l'épreuve, à condition, bien sûr, de le vouloir tous les deux ensemble, ce qui n'est pas acquis d'avance. D'ailleurs, même si les deux conjoints souhaitent sortir de l'ornière, la victoire n'est pas assurée pour autant. Le poids du passé est parfois tel que, dans l'immédiat, quoi qu'on fasse, on se heurtera à une impasse.

Nous connaissons même des cas où la vie en commun devient pour les conjoints, et souvent aussi pour les enfants, un véritable enfer dans lequel les conjoints risquent, en demeurant ensemble, de se détruire mutuellement.

Dans ces cas extrêmes – qui, hélas ! se multiplient aujourd'hui pour les raisons que nous avons évoquées –, l'Église n'a pas d'objection, même si c'est la mort dans l'âme, à ce qu'on se sépare afin d'éviter un mal plus grand. À condition cependant que chaque conjoint remplisse ses obligations de justice à l'égard de l'autre. Et à la condition, plus impérieuse encore, qu'on ait pensé au véritable bien des enfants. Cette insistance n'est pas superflue, car une sorte de nouveau romantisme présente aujourd'hui la dislocation des couples comme une affaire purement sentimentale qui affecte uniquement le baromètre affectif des partenaires. C'est le thème de nombreuses chansons bébêtes et de pas mal de feuilletons télévisés. Les enfants sont alors royalement absents de cette problématique à-nous-deux. Alors qu'ils sont, en fait, au centre du débat. N'oublions jamais que la séparation consentie des conjoints est imposée aux enfants, pour lesquels elle représente souvent un drame. Un drame qu'il faut peser sérieusement avant de les y engager. Dans un certain nombre de cas, on éviterait la séparation et l'on trouverait les chemins d'une difficile entente si l'on tenait davantage compte de l'intérêt des enfants. Reste que, dans d'autres, notamment certains cas d'alcoolisme et de violence, la séparation est, dans l'immédiat, la seule solution viable, y compris pour les enfants.

Le divorce comme tel
n'exclut pas de la communion

Dans les situations d'impasse irrémédiable, l'Église n'a même pas d'objection, même si c'est à regret, à ce qu'on divorce civilement en raison des avantages juridiques de cette procédure. En soi, le divorce est un pis-aller, c'est un fléau majeur de nos sociétés industrielles. Et les États portent une terrible responsabilité en l'encourageant de fait par la facilité abusive des procédures qui y conduisent. Comment favoriser la stabilité du couple et de la famille si le divorce peut s'obtenir en un tournemain ? Mais l'Église reconnaît que, dans certains cas, c'est la seule issue possible *hic et nunc*.

Il est important de rappeler ici que, *par lui-même*, le divorce n'exclut en aucune manière de la vie de l'Église et, notamment, n'écarte pas de la communion eucharistique. À condition, bien sûr, qu'il s'agisse d'un divorce de nécessité et non de frivolité et qu'on ait rempli ses obligations légales et morales à l'égard du conjoint et des enfants. Je précise aussi : *par lui-même*, parce qu'on peut être amené à devoir s'abstenir de la communion pour d'autres raisons étrangères au divorce lui-même, par exemple si l'on entretient une relation amoureuse avec une autre personne. Mais, je le répète à dessein – car beaucoup de chrétiens l'ignorent encore – par lui-même le fait d'être divorcé ne change en rien la position d'un baptisé par rapport à la pratique des sacrements.

L'encouragement à donner aux victimes du divorce

Il faudrait aussi en finir avec cette attitude pharisaïque qui, parfois encore de nos jours, traite de haut et avec suspicion les divorcés, spécialement les femmes divorcées. Certes, en soi, le divorce est un mal, mais combien de frères et de sœurs dans la foi ne vivent pas un divorce imposé par la nécessité ou, plus simplement, imposé par le conjoint ? Ces personnes, déjà blessées dans leur cœur, n'ont vraiment pas besoin de se sentir, par surcroît, jugées par la communauté chrétienne ou suspectées par des frères ! Au contraire, elles ont besoin d'un soutien discret, d'un réconfort fraternel. Trop de personnes séparées ou divorcées – des femmes surtout – sont abandonnées à leur sort, quand elles ne sentent pas peser sur elles un regard désapprobateur ! Nous reviendrons longuement sur la question quand il s'agira, plus loin, de l'aide à apporter aux personnes qui, dans la logique de l'Évangile, veulent demeurer fidèles même à un conjoint dont elles sont séparées ou divorcées.

Et la déclaration de nullité du mariage ?

Dans un certain nombre de cas, l'impasse de l'échec conjugal peut trouver une solution pleinement conforme à l'Évangile, et permettant même, comme on dit, de « refaire sa vie » de manière tout à fait légitime, dans ce qu'on appelle « la déclaration de nullité » du mariage.

La question est si importante, si délicate et si complexe que l'intégralité du paragraphe suivant y sera consacrée. Les idées à ce sujet sont si floues dans le grand public et les vrais enjeux si mal perçus qu'un effort de clarification s'impose, même s'il doit demeurer sommaire dans le contexte de cet ouvrage d'intérêt général.

V

LE RECOURS À LA DÉCLARATION DE NULLITÉ DU MARIAGE

Un mariage vrai et accompli ne peut être annulé !

Fidèle à l'enseignement très strict du Seigneur sur l'union conjugale de l'homme et de la femme, l'Église tient que le mariage validement contracté entre baptisés et consommé dans le cœur et le corps est absolument indissoluble. Seule la mort rompra ce lien ici-bas. Aucune autorité n'y peut rien, même pas le Pape.

À noter donc qu'il est un cas, fort différent et relativement rare, où le Pape peut intervenir sous la forme d'une dispense ; c'est lorsque le mariage, validement contracté, n'a cependant pas été consommé de manière humaine complète, c'est-à-dire aussi dans la chair. Dans ce cas, s'il est dûment établi par une enquête diocésaine, le Pape peut, pour une juste cause, dissoudre le mariage et permettre une nouvelle union, puisque l'Église tient que le mariage n'est absolument indissoluble que lorsqu'il a été consommé non seulement spirituellement mais aussi charnellement.

Mais un mariage peut n'avoir pas été valide !

On entend parfois dire : « L'Église a annulé le mariage d'un tel ou d'une telle ». L'expression est, à coup sûr, gravement incorrecte. L'Église, en effet, n'annule jamais un mariage valide et accompli, elle n'annule jamais une union conjugale réellement existante. Mais elle est parfois amenée à reconnaître que, contrairement aux apparences, il n'y avait pas vraiment eu mariage. Autrement dit, elle est amenée à déclarer que le soi-disant mariage n'en était pas un. Elle n'annule donc jamais *aujourd'hui* un mariage réellement existant, mais elle déclare parfois qu'était nul *dès le début* un mariage qui n'a donc jamais vraiment existé. Bref, après une enquête rigoureuse, l'Église est parfois amenée à reconnaître que tel mariage, apparemment existant, était en fait invalide.

Rares sont aujourd'hui les cas où un mariage est invalide, et peut donc être déclaré nul, en raison d'un empêchement dirimant ou d'un vice de forme.

On appelle « empêchement dirimant » une situation qui, par elle-même, *ipso facto*, entraîne la nullité du mariage. Ainsi, par exemple, l'empêchement d'impuissance, c'est-à-dire l'incapacité à consommer le mariage dans une vraie relation sexuelle (à ne pas confondre avec la stérilité qui, elle, n'empêche pas le mariage, sauf si elle a été volontairement dissimulée pour obtenir le consentement du conjoint). Ainsi, également, l'empêchement de disparité de culte, c'est-à-dire le mariage d'un catholique avec un conjoint non baptisé sans dispense de l'Évêque. Ou encore l'empêchement de consanguinité entre très proches parents.

On appelle « vice de forme » un défaut par rapport aux exigences juridiques ou canoniques posées par l'Église pour le mariage d'un catholique. En effet, pour que le mariage d'un catholique soit valide, il doit être conclu publiquement devant un prêtre dûment qualifié ou délégué ainsi que devant deux témoins, sauf dispense accordée par l'Évêque. C'est ainsi que le mariage d'un catholique, sans la dispense voulue, devant un ministre d'une autre Église (à l'exception d'un prêtre orthodoxe) ou simplement devant un fonctionnaire civil est invalide aux yeux de l'Église catholique.

Les cas de nullité de mariage pour empêchement ou vice de forme sont aujourd'hui rarissimes en raison de l'enquête pratiquée avant le mariage par le prêtre ou le diacre chargé de la célébration religieuse et de sa préparation.

Les cas de nullité pour absence ou défaut de consentement

Par contre, les cas sont relativement fréquents où le mariage, même célébré en grande pompe, a, en fait, été nul pour absence ou défaut de consentement. C'est, en effet, le consentement qui réalise le mariage. Sans imposer en cette matière la réalisation d'un idéal si élevé qu'il en deviendrait inaccessible, l'Église tient cependant, avec raison, à des exigences minimales en deçà desquelles elle juge qu'on ne peut plus parler de mariage authentique. En résumé, pour un mariage valide, l'Église exige, sur le plan du consentement, qu'on ait eu affaire à deux personnes libres de toute contrainte externe ou interne déterminante, capables de discerner suffisamment l'état de vie dans lequel elles s'engagent avec tel partenaire déterminé, en mesure de remplir les obligations essentielles de cet état de vie (à savoir : communion de vie interpersonnelle dans le respect de l'autre et de soi-même ; fidélité absolue ; indissolubilité jusqu'à la mort de l'un des deux ; accueil d'enfants à naître), dans une démarche vraie qui suppose un consentement conforme à ce que l'on croit intérieurement (sinon il y a simulation), sans cacher à l'autre telle ou telle caractéristique personnelle qui serait de nature à porter gravement préjudice à la vie en couple.

Par contraste avec ces exigences minimales, un mariage peut donc avoir été nul, et est susceptible d'être déclaré tel, si l'on s'est marié :

- sous l'effet de menaces graves inspirant une crainte irrésistible ;
- sous l'effet d'une tromperie mettant gravement en péril la vie du couple ;
- en s'étant trompé sur une qualité essentielle que l'on visait en contractant mariage ;
- avec une intention contraire à la fidélité, à l'indissolubilité du mariage, aux enfants à naître ;
- dans un état mental rendant impossible tout consentement matrimonial ;
- en souffrant d'un grave défaut de discernement concernant les droits et les devoirs essentiels du mariage ;

— en étant incapable d'assumer les obligations essentielles du mariage en raison de causes de nature psychique.

On notera que, pour une éventuelle déclaration de nullité, l'Église ne s'intéresse proprement qu'aux événements ou données antérieurs ou concomitants à la célébration du mariage. Elle ne s'intéresse que latéralement à ce qui s'est produit par la suite, à titre d'information pouvant éclairer ce qui a précédé ou accompagné la célébration du mariage. C'est une différence radicale par rapport aux procédures civiles de divorce. Sur le plan civil, les péripéties survenues après le mariage peuvent servir d'argument afin de dénouer un lien qui, pourtant, avait été validement contracté. L'Église, qui, à juste titre, ne se reconnaît aucun pouvoir sur un mariage valide et consommé, peut seulement reconnaître la nullité d'un mariage qui, pour des raisons précédant ou accompagnant la célébration, avait, en fait, été invalide.

Aspects positifs et contraignants d'une telle procédure

Un certain nombre d'impasses conjugales peuvent trouver une solution dans la déclaration de nullité du mariage. Les critères évoqués ci-dessus étant, à notre époque, interprétés, heureusement, de manière plus souple (hélas ! aussi parfois de manière laxiste), compte tenu d'une immaturité plus fréquente du consentement dans la culture actuelle, le nombre des déclarations de nullité est aujourd'hui relativement élevé : plus de cinquante mille chaque année de par le monde (une quinzaine par année dans un diocèse comme celui de Namur).

Il y a quelques années, une de ces déclarations de nullité a fait un certain bruit : celle qui a concerné le mariage de Caroline de Monaco ! Beaucoup de gens, trompés par une certaine presse, se sont imaginé que c'était parce qu'elle était princesse que Caroline a obtenu la déclaration de nullité de son mariage... En fait, elle était, cette année-là, un cas parmi cinquante mille autres ! Tout ce qu'elle a « obtenu » du fait de sa condition princière, c'est que son cas soit examiné (comme c'est encore le cas aujourd'hui pour les chefs d'État) par les juges particulièrement sévères et impartiaux du Tribunal romain, ce qui explique que sa procédure ait duré près de dix ans au lieu d'une année comme c'est le cas habituellement !

Reste que cette procédure, même si elle peut offrir une solution dans certains cas d'impasse, demeure onéreuse. Pas du tout sur le plan financier, contrairement à une légende tenace ! Il y a, certes, des frais d'enquête et de procédure, comme dans tout tribunal, mais, en comparaison des procédures civiles analogues, ces frais sont peu importants. En Belgique, ils s'élèvent en moyenne à vingt-cinq mille francs belges (quatre mille francs français). Et les personnes se trouvant en condition financière difficile peuvent toujours solliciter une réduction et même la gratuité totale.

L'enquête est surtout onéreuse psychologiquement. Car les faits doivent être dûment établis. Il ne suffit pas d'avoir la conviction subjective, même tout à fait raisonnable, que le mariage avait été invalide pour absence ou défaut de consentement. Encore faut-il pouvoir le prouver en produisant des actes, des témoignages, des indices, etc. D'où – soit dit en passant – le malaise des juges lorsqu'ils ont la conviction morale que le mariage n'était pas valide, mais se voient dans l'impossibilité de le prouver formellement. Et quand la preuve est possible, elle oblige généralement les deux conjoints à remuer le passé jusque dans les détails les plus intimes, ce qui peut être parfois pénible pour certains.

De plus, l'éventuelle déclaration de nullité ne concerne que la dimension canonique du mariage, et non ses dimensions affective, physique, morale et parentale. Même si l'on peut prouver que le mariage était invalide, il reste qu'à un moment du moins les époux peuvent s'être aimés et même s'aimer encore jusqu'à un certain point, qu'ils ont eu des relations intimes, qu'ils ont toujours des obligations morales l'un à l'égard de l'autre ainsi qu'à l'égard de leurs enfants et que ceux-ci ne sont pas pour autant des enfants illégitimes. Il n'est pas rare que les époux, tout en entrevoyant que leur mariage était invalide et même en le constatant avec le tribunal, éprouvent une grande difficulté à se situer par rapport à ces dimensions spirituelles et morales d'une union dont ils reconnaissent la non-validité canonique et sacramentelle. De même, il arrive fréquemment que les enfants éprouvent un profond malaise à se savoir le fruit d'un mariage qui n'avait jamais existé sur le plan juridique.

Se faire éclairer en cas de doute

Chaque fois que je fais une conférence sur les questions touchant le mariage et, notamment, la procédure en déclaration de nullité, des personnes viennent ensuite me trouver en me parlant de leur situation personnelle ou de celle de membres de leurs familles. La réaction est tout à fait normale et prouve que le grand public est encore très mal informé sur ces questions.

En tout cas, les situations sont relativement nombreuses, surtout de nos jours, où la déclaration de nullité pourrait être envisagée. On se gardera cependant de conclusions simplistes reposant sur une information sommaire, comme celle qui vient d'être donnée ici en quelques lignes. Si donc, ayant lu ces pages, vous avez quelques doutes légitimes sur la validité de votre mariage ou du mariage d'un de vos proches, n'allez pas trop vite en besogne pour en affirmer vous-même la nullité ! Un premier contact avec son curé ou un prêtre ami pourra indiquer s'il y a lieu de soulever la question auprès du Tribunal diocésain (appelé encore « Officialité »). Dans l'affirmative, on consultera un expert, avocat ou juge de l'Officialité afin de voir si une requête en déclaration de nullité est, en l'occurrence, recevable et a quelque chance d'aboutir. Cette façon de faire permet d'opérer un tri et de ne retenir que les causes pour lesquelles une preuve semble raisonnablement pouvoir être établie. On évite ainsi de s'engager dans des procédures sans espoir et de s'exposer, sans raison proportionnée, aux désagréments de l'enquête détaillée.⁴

La procédure de déclaration de nullité peut résoudre un certain nombre d'impasses conjugales, plus qu'on ne le penserait à première vue. D'où l'intérêt d'une bonne information à son sujet. Mais elle est évidemment loin de pouvoir porter remède à toutes. Dans la plupart des cas, en effet, de graves difficultés surgissent, à tel point qu'on se sépare, alors que le mariage était parfaitement valide. Et, dans d'autres, le mariage est probablement invalide, mais il est impossible de le prouver. Il nous faut donc aborder maintenant ces cas, très nombreux, d'impasse persistante. Nous commencerons par la première exigence qui découle, en principe, du radicalisme de l'Évangile, à savoir la fidélité au conjoint dont on vit désormais séparé, voire même divorcé.

---

4. Cet exposé comprenant des données canoniques est inspiré d'une note rédigée par mon Vicaire judiciaire et Official, l'abbé Jean-Marie Huet. Nous n'avons pas jugé utile, dans une publication destinée au grand public, d'entrer dans la question très particulière du privilège paulin et du privilège pétrinien.

VI

LA FIDÉLITÉ AU CONJOINT ABSENT

L'appel à assumer
la solitude de la séparation

Supposons que le pire est déjà arrivé. On a fait plusieurs tentatives de réconciliation. Peut-être n'a-t-on pas exploité toutes les ressources possibles de la nature et de la grâce, mais, à court terme et à vue humaine, c'est l'impasse absolue. Faisons aussi l'hypothèse que le mariage religieux était parfaitement valide : aucun espoir du côté d'une déclaration de nullité. Que faire ? Certains se décident d'emblée à assumer la situation nouvelle de séparation ou de divorce. D'autres envisagent assez rapidement de « refaire leur vie », comme on dit. Où est le comportement le plus conforme à l'Évangile ?

L'enseignement du Seigneur et de son Église en cette matière est très clair : « Quiconque répudie sa femme et en épouse une autre, commet un adultère à l'égard de la première ; et si une femme répudie son mari et en épouse un autre, elle commet un adultère » (Mc 10, 11-12).[5] Nous l'avons déjà vu plus haut : celui qui se marie chrétiennement fait le beau pari d'aimer son conjoint « dans le Seigneur » et donc à la manière du Seigneur ; il s'engage dès lors à demeurer fidèle au conjoint même si celui-ci lui est infidèle, à l'image du Seigneur qui ne nous abandonne jamais, en dépit de nos abandons (cf. 2 Tm 2, 13). Si nous disons que le conjoint innocent a le droit de refaire sa vie librement puisque son conjoint l'a trahi, nous disons une chose tout à fait raisonnable sur le plan de la logique humaine, mais où ne se retrouve plus la folie – pleine de sagesse ! – de l'Évangile. Oh non, ce n'est pas rien de s'engager à aimer comme le Seigneur aime ! C'est pourquoi nous avons tellement insisté sur l'importance d'une bonne

---

5. Dans le texte parallèle de Matthieu 5, 32, il est question d'une exception pour le cas de « porneïa » (= « inconduite » en grec). La signification précise de ce terme grec dans le contexte présent demeurant ambiguë, voici près de vingt siècles que le sens de ce verset est discuté sans qu'on soit parvenu à trancher la discussion. S'agit-il d'un cas de divorce légitime pour adultère du conjoint ou d'un cas de nullité pour union illégitime ou d'une autre hypothèse encore ? Impossible de faire une lumière absolue sur la question. Sous l'impulsion de saint Jérôme et de saint Augustin, l'Église latine, à la différence des Églises d'Orient, n'a pas cru pouvoir tirer de cette « incise matthéenne » un argument justifiant des exceptions à l'indissolubilité du mariage.

préparation au mariage et sur la dissuasion de mariages sacramentels précipités.

Certains objecteront alors : mais, dans ce cas, le Seigneur et son Église avantagent ceux qui vivent une union libre ou une union purement civile ! Ceux-ci, en effet, pourront éventuellement se séparer et, ensuite, contracter une nouvelle union, à l'église cette fois ! C'est vrai, en un sens, encore qu'on puisse se poser des questions sur les garanties de vérité d'une union sacramentelle précédée par un tel calcul. En général, d'ailleurs, ceux qui ne font pas leur devoir ont toujours, à court terme, des avantages par rapport à ceux qui le font. Si vous ne mettez pas vos pas dans ceux de Jésus, vous vivrez toujours plus tranquille que si vous devenez de tout cœur son disciple. Si vous ne pratiquez pas votre religion, vous épargnerez même de l'argent... Car, c'est bien connu, les pratiquants sont parmi ceux qui achètent le plus de « pins », de modules, de billets de tombola et donnent le plus souvent aux collectes, etc. Mais, à long terme, en voyant plus loin, où est la clé du véritable bonheur ? Jésus nous avertit : « Si quelqu'un veut marcher derrière moi, qu'il renonce à lui-même, qu'il prenne sa croix et qu'il me suive. Car celui qui veut sauver sa vie la perdra, mais qui perd sa vie à cause de moi la gardera.

Quel avantage, en effet, un homme aura-t-il à gagner le monde entier, s'il le paye de sa vie ? Et quelle somme pourra-t-il verser en échange de sa vie ? » (Mt 16, 24-26).

Le tranchant de l'Évangile

Ce langage peut paraître dur, et il l'est. Il convient d'ailleurs de le resituer à l'intérieur du véritable « surmenage » spirituel que Jésus propose à ses disciples. Jamais personne, autant que Jésus, n'aura tant exigé du cœur humain : « Vous donc, vous serez parfaits comme votre Père céleste est parfait » (Mt 5, 48). A-t-on idée de demander une chose pareille ? Si au moins Jésus avait dit : « Vous serez parfaits autant que votre fragile nature humaine le permet », c'eût été raisonnable, mais : « Aimez-vous les uns les autres, comme je vous ai aimés » (Jn 15, 12) ! Et tout le reste est à l'avenant... Une bonne part du Sermon sur la Montagne consiste en oppositions entre les prescriptions, très raisonnables, de la Loi juive et l'exigence folle de Jésus : « Vous avez appris qu'il a été dit : *Tu ne commettras pas l'adultère*. Eh bien ! moi je vous dis : Quiconque regarde une femme pour la désirer a déjà commis, dans son cœur, l'adultère avec elle » (Mt 5, 27). Et ainsi de suite pour tous les chapitres de la morale.

Le langage de Jésus est même si tranchant pour rejeter le divorce et une nouvelle union qu'en l'entendant les disciples sont effrayés et lui objectent : « Si telle est la situation de l'homme par rapport à sa femme, il n'y a pas intérêt à se marier ! » (Mt 19, 10).

Quand on entend Jésus, à propos de l'adultère, proclamer : « Si ton œil droit est pour toi une occasion de péché, arrache-le et jette-le loin de toi ; il t'est plus avantageux de perdre un seul de tes membres que de voir tout ton corps jeté dans la géhenne » (Mt 5, 29), on ose à peine imaginer la manière dont il aurait répondu si on l'avait interrogé explicitement sur une nouvelle union après un divorce…

La douceur de la miséricorde

Et la miséricorde de Jésus, où est-elle en tout cela, dira-t-on ? Jésus n'est-il pas aussi celui qui fait bon accueil aux pécheurs (cf. Lc 15, 2), remet debout la femme adultère (cf. Jn 8, 2-11) et crie à toute l'humanité : « Venez à moi, vous tous qui peinez et ployez sous le fardeau, et moi je vous soulagerai. Chargez-vous de mon joug et mettez-vous à mon école, car je suis doux et humble de cœur, et vous trouverez soulagement pour vos âmes. Oui, mon joug est aisé et mon fardeau léger » (Mt 11, 28-29) ?

Oui, la miséricorde est bien présente dans l'Évangile. Mais jamais elle ne masque ou n'abolit l'exigence de la sainteté : « N'allez pas croire que je sois venu abolir la Loi ou les Prophètes : je ne suis pas venu abolir, mais accomplir. Car je vous le dis en vérité : avant que ne passent le ciel et la terre, pas une virgule, pas un point sur un *i* ne passera de la Loi, que tout ne soit réalisé. [...] Car je vous le dis : si votre justice ne surpasse pas celle des scribes et des Pharisiens, vous n'entrerez certainement pas dans le Royaume des Cieux » (Mt 5, 17-18. 20).

La miséricorde inlassable de Jésus n'a jamais pour sens d'excuser le mal ou de le justifier, elle consiste à accueillir les pécheurs repentants afin de leur proposer une nouvelle vie. C'est bien ainsi qu'il accueille la femme adultère. Il ne la condamne pas, mais sa miséricorde ne consiste pas à bénir son comportement. Au contraire, Jésus ajoute aussitôt : « Va, désormais ne pèche plus » (Jn 8, 11).

La pastorale de l'Église doit s'inspirer de la pastorale de Jésus. Elle doit se montrer accueillante pour ceux qui sont dans une situation incorrecte, mais sans jamais démobiliser de l'effort de conversion et sans décourager ceux qui s'efforcent d'obéir aux exigences du Seigneur. C'est ainsi que l'encyclique *Veritatis Splendor* de Jean-Paul II n'hésite pas à rappeler que l'exigence morale de l'Évangile peut aller jusqu'au martyre.[6] Semblablement, dans une pastorale familiale diocésaine, on ira très loin, avec beaucoup d'imagination et de cœur, dans l'accueil des divorcés remariés, mais en évitant que cette indispensable pastorale de la miséricorde démobilise ceux et celles qui s'efforcent de demeurer fidèles à un conjoint dont ils vivent séparés ou divorcés.

Demeurer fidèle même à qui nous a trahis

En effet, si vous êtes séparés ou divorcés de votre conjoint, la toute première chose que le Seigneur et son Église vous demandent, c'est d'assumer votre situation et votre solitude, plutôt que de vouloir refaire votre vie par une nouvelle union civile. Et cela même dans le

---

6. Cf. les §§ 90 et suivants. Pour une présentation aisément compréhensible des principaux enjeux de cette belle mais difficile encyclique, on pourra lire mon ouvrage de vulgarisation : *La morale en questions. Dialogue à propos de l'encyclique Veritatis Splendor*, coll. « Bonnes Nouvelles », n° 3, Paris, Éditions de l'Emmanuel, 1994.

cas où vous estimez – peut-être avec raison – que tous les torts sont du côté du conjoint qui vous a abandonnés. C'est, en effet, seulement ainsi que vous pouvez aimer à l'image de Celui, Jésus, qui nous aime fidèlement même si nous l'avons trahi.

Cet appel de Jésus à la fidélité absolue peut paraître utopique, comme est d'ailleurs utopique une bonne part de la morale. Aimer son prochain comme soi-même et même ses ennemis, subir l'injustice plutôt que de la commettre, ne jamais céder au mensonge, etc., ne sont-ce pas là des exigences utopiques ? Elles sont pourtant inscrites de manière indélébile dans la morale du Nouveau Testament.

Jésus vient lui-même porter ta solitude

Ce point est capital. Jésus ne requiert jamais rien de nous sans le pratiquer lui-même en premier et sans venir le vivre en nous au cœur même de notre faiblesse.

Lui-même s'est retrouvé seul dans sa Passion, abandonné de tous, y compris de ses disciples les plus chers. « Et, l'abandonnant, ils s'enfuirent tous », note saint Marc (Mc 14, 51). Pierre lui-même va le renier devant une concierge. Les foules qui l'avaient suivi avec enthousiasme réclament maintenant sa mort. Jusqu'à son Père qui le laisse seul et, apparemment, l'abandonne. À l'agonie, Jésus pousse, par trois fois, un appel au secours vers ce Dieu dont il s'affirmait l'intime d'une manière absolument unique : « Père, tout t'est possible ; éloigne de moi cette coupe ; cependant, pas ce que je veux, mais ce que tu veux ! » (Mc 14, 36). Mais il ne reçoit aucune réponse. Et, pendant ce temps-là, les apôtres choisis dorment... Jésus meurt dans une extrême solitude entre ciel et terre, entouré de deux brigands qui l'insultent. L'angoisse lui arrache un grand cri de détresse qui a si impressionné qu'il est noté en araméen – la langue que Jésus parlait – alors que l'évangile est écrit en grec : « Mon Dieu, mon Dieu, pourquoi m'as-tu abandonné ? » (Mc 15, 34).

Jésus meurt seul, mais fidèle jusqu'au bout. Fidèle à son Père qui se tait et le laisse à l'abandon : « Père, entre tes mains, je remets mon esprit » (Lc 23, 46). Fidèle aux disciples qui l'ont abandonné : « Voici ta mère » (Jn 19, 27). Fidèle aux chefs du peuple et aux bourreaux qui l'exécutent : « Père, pardonne-leur : ils ne savent ce qu'ils font » (Lc 23, 34). Fidèle à ses compagnons de supplice : « En vérité, je te le dis, aujourd'hui même tu seras avec moi dans le Paradis » (Lc 23, 43).

Il nous faut méditer souvent cette solitude et cette fidélité de Jésus, à l'agonie et sur la croix, abandonné de tous et pardonnant à tous. Même dans les redoutables impasses de notre vie, il nous invite à la même attitude : pardon, fidélité, solitude assumée. Sois-en sûr, il ne te demande pas cela « du haut du ciel », en planant au-dessus de ta misère. Il vient vivre en toi ce qu'il te demande. Car « Jésus est en agonie jusqu'à la fin du monde » (Pascal). C'est avec lui qui, en compagnie de Marie, se fait ton Simon de Cyrène que tu vivras la solitude qu'il te demande d'assumer.

Cela peut te paraître humainement impossible et, dans bien des cas, humainement, c'est impossible. Mais, Jésus t'en avertit, tout est possible pour Dieu. Et avec Jésus. C'est ce qu'il répond aux disciples décontenancés à propos d'une autre exigence de l'Évangile concernant les richesses. « Ils restèrent interdits à l'excès et se demandaient les uns aux autres : "Mais alors qui peut être sauvé ?" Jésus, fixant sur eux son regard, leur dit : "Pour les hommes, impossible, mais non pour Dieu : car tout est possible pour Dieu". » (Mc 10, 26-27).

Il est clair qu'une telle fidélité, parfois héroïque, à la suite de Jésus n'est possible que dans la communion vivante avec Jésus, ce qui suppose une vie de prière intense et le recours aux sacrements, spécialement le pardon et l'eucharistie.[7]

L'indispensable soutien de frères et sœurs dans la foi

Il est tout aussi clair qu'une pareille fidélité dans la solitude assumée n'est possible qu'avec le soutien et l'encouragement de frères et de sœurs dans la foi. Trop de chrétiens confrontés au drame de la séparation ou de l'abandon sont laissés à eux-mêmes, voire même, parfois, mis à distance. Or, j'y insiste, on ne peut vivre seul la solitude ! La solitude ne peut être l'esseulement ! La solitude d'un conjoint blessé ne peut être vécue dans la fidélité que si, précisément, on n'est pas seul. On ne peut vivre la solitude que pour Jésus, avec Jésus et avec des frères et des sœurs en Église qui sont, auprès de nous, les relais de la

---

7. J'ai entendu des personnes séparées ou divorcées témoigner du grand secours qu'elles ont trouvé en particulier dans l'adoration de l'Eucharistie. Elles vivent cet exposition prolongée au rayonnement du cœur du Christ comme une sorte de thérapie spirituelle qui guérit silencieusement leur cœur blessé et leur révèle concrètement combien leur solitude est habitée et fécondée par cet amour du Christ, d'autant plus désireux de les choyer que leur amour humain a été trahi ou amputé. Là aussi, dans cette prière prolongée, il devient clair que la Passion est porteuse de Résurrection.

proximité du Seigneur. Les communautés chrétiennes devront faire preuve d'imagination pour soutenir les frères et sœurs qui font le choix évangélique exigeant de vivre la fidélité malgré la séparation ou le divorce.

D'où l'importance des fraternités spécialement conçues pour que des chrétiens vivant cette situation trouvent l'aide spirituelle et morale appropriée, s'entraident mutuellement à dire « oui » par amour et à vivre la joie dans l'épreuve, et puissent même envisager, le cas échéant, de se consacrer au Seigneur dans l'état qui est le leur. Je pense spécialement à des Fraternités telles que la « Communion Notre-Dame de l'Alliance » « Le Jourdain », « Solitude-Myriam » la « Fraternité de l'Espérance » ou « Amour et Vérité ».[8]

---

8. Le but de la « Communion Notre-Dame de l'Alliance » est d'accueillir et d'accompagner spirituellement ceux qui connaissent l'épreuve de la séparation ou le divorce, et qui, interpellés par la fidélité du Seigneur, désirent cheminer ensemble dans la fidélité à leur conjoint. Outre un premier accueil fraternel, la « Communion Notre-Dame de l'Alliance » propose des moments de partage et de prière, des journées ou week-ends de rencontre pour échanger, prier et célébrer ensemble l'Eucharistie, une retraite annuelle pour tous ses membres. Pour la France, l'adresse actuelle est : « Aïn-Karim », 8 rue du Griffon, 35000 Rennes, tél. 99 31 45 67, minitel 3615 EPHATA*CNDA. Pour la Belgique, on peut s'adresser à M. Pierre Janclaes, Rue de Mangombroux 258, 4800 Verviers, tél. 087/33 21 14. Quant

Même en dehors de ce genre de Fraternités – si précieuses ! – les personnes séparées ou divorcées trouveront généralement grand secours, à condition de recevoir un soutien fraternel minimum, dans le soin de leurs enfants, dans les responsabilités professionnelles ainsi que dans toutes les relations sociales ouvrant aux autres et à Dieu. Une fois

---

au « Jourdain », il s'agit d'une Fraternité belge de prière et de partage, accueillant toute personne touchée par le divorce et la séparation et qui désire vivre ce déchirement dans le flot d'amour du Cœur de Jésus. La Fraternité organise trois week-ends et une retraite par an. On peut contacter : Mme Marie Legrain, Rue Tilmont 66, 1090 Bruxelles, tél. 02/426 88 43, ou encore : Sœur Bernadette de Wilde, Avenue des Deux-Tilleuls 2 bis, 1200 Bruxelles, tél. 02/733 54 42. « Solitude-Myriam », enfin, est une fondation canadienne dont le but est d'aider les couples en difficulté à surmonter leurs problèmes, de redonner sens à la solitude des séparés et des divorcés, de faire de ces séparés des consacrés dans l'Église et d'aider les divorcés remariés à mieux comprendre leur vraie place dans l'Église. La Fraternité propose trois engagements à ses membres : fidélité au Christ en s'engageant par vœux à vivre dans le monde la chasteté selon son état ; abandon au Père par Marie ; fidélité à l'Église par une vie de charité et de joie. Voici l'adresse au Canada : 11120 route 148, Sainte-Scholastique, Québec, Canada, JON 1S0. Tél. 514/258-4200. Dans un esprit semblable a commencé, en Belgique, la « Fraternité de l'Espérance », qui vit son itinéraire spirituel en communion avec la Communauté de Tibériade à Lavaux-Sainte-Anne. Pour tous renseignements, s'adresser à Mme Annie Calicis, Rue Notre-Dame 6, 5650 Walcourt, tél. 071/61 40 55. « Amour et Vérité » propose des cycles pour parents seuls, qui, à leur demande, peuvent se réunir en Fraternité.

encore, la solitude de la séparation ou de l'abandon n'est tenable que dans la communion vivante avec le Seigneur et l'ouverture à autrui.

C'est ainsi que, malgré la blessure de l'échec, on pourra, envers et contre tout, cultiver l'espérance qui jaillit de la Croix glorieuse. Ce n'est pas pour rien que Dieu lui-même a agonisé dans la ténèbre. Ce n'est pas pour rien que Jésus est mort dans l'abandon. Même après sa mort, alors que tout était déjà accompli, une dernière blessure lui fut infligée, celle de son cœur transpercé. Et voici que, de cette ultime plaie, un mince filet de sang et d'eau se mit à couler. C'était déjà la vie nouvelle, c'était déjà l'espérance pascale qui, humblement, suintait d'au delà de la mort, remontant lentement du gouffre où tout semblait perdu. Nos frères et nos sœurs blessés par la tragédie de l'échec conjugal ont besoin de pouvoir s'abreuver à une telle source. Leur espérance est à ce prix.

La joie d'une communion et d'une fécondité nouvelles

Il y a une croix dans la solitude assumée. Mais là où il y a la croix de Jésus fleurit aussi la joie. Ceux et celles qui s'engageront dans la fidélité évangélique à un conjoint absent expérimenteront la présence pascale de Jésus ressuscité. Il leur arrivera ce qui est survenu à Marie-Madeleine, le jour de Pâques, alors qu'elle pleurait désespérément au bord d'un tombeau vide (cf. Jn 20, 11-18). Jésus l'a tirée de sa solitude et de son amertume en l'appelant par son prénom : « Marie » et en lui manifestant sa présence jusque-là voilée. Dans ce regard de Jésus sur notre vie meurtrie, tout change de signe. Par delà tout dolorisme, la souffrance habitée par l'amour du Seigneur devient lieu d'une communion nouvelle. C'est comme si le Seigneur nous avait rejoints au désert pour parler à notre cœur (cf. Os 2, 16). Ainsi qu'en témoignent des personnes ayant vécu cette épreuve de l'intérieur, si tant de chrétiens ou de chrétiennes séparés ou divorcés cherchent aussitôt une nouvelle compagne ou un nouveau compagnon, n'est-ce pas parce qu'ils ignorent – qui le leur a dit ? – que Jésus peut les combler en vérité de la tendresse du Père et même leur donner, par rapport aux enfants, la grâce d'être, à l'image de Dieu lui-même, à la fois père et mère ? Oui, Jésus est en agonie, avec nous, jusqu'à la fin du monde, mais, en regardant son visage et en nous laissant regarder par lui, nous y découvrons déjà la joie de Pâques.

Et puis la joie du Père est si grande, en nous voyant emprunter, pour son amour, ce chemin de fidélité, qu'Il nous donne d'entrevoir la fécondité nouvelle de ce choix. Chaque renoncement accepté pour demeurer fidèle devient offrande aussitôt accueillie par Dieu pour que le sacrement de mariage ne soit plus galvaudé, pour que davantage de personnes séparées ou divorcées retrouvent la miséricorde du Père et lui disent « oui ». Ainsi, par exemple, quand on renoncera à trouver chez une tierce personne de la tendresse humaine de type conjugal, on comprendra que ce sacrifice n'est pas perdu. Confié au cœur du Père « qui voit dans le secret » (cf. Mt 6, 4), il contribuera à obtenir la guérison de tel couple en difficulté afin que, s'appuyant eux aussi sur le don de Dieu, ils osent choisir de rester ensemble pour le meilleur et pour le pire. Oh non, rien n'est perdu de ce qui est vécu dans la communion avec le Seigneur ! Même si nous sommes blessés dans notre âme et notre corps, même si nous sommes amputés à vie, l'amour de Dieu vient, si nous nous y ouvrons, offrir à notre cœur une communion nouvelle et assurer à notre vie une nouvelle fécondité. Rien n'est jamais perdu pour lui.

Et tous les autres ?

Beaucoup de chrétiens, s'ils étaient bien conseillés et efficacement soutenus, pourraient progressivement, à leur rythme, s'engager dans la voie de fidélité évangélique que nous venons d'évoquer. Mais il y a tous les autres, il y a l'immense majorité de fait de ceux qui envisagent aussitôt de « refaire leur vie ». Ils se sont engagés à la fidélité, mais sans en mesurer véritablement le prix. Ils n'ont rencontré personne qui les éclaire sur leur situation et leur propose avec patience et respect de faire un choix évangélique. On les a laissés à leur solitude ou l'on s'est contenté de les encourager à trouver un nouveau partenaire. Beaucoup entrevoient l'appel du Seigneur et reconnaissent en principe l'indissolubilité de leur mariage éclaté, mais ils se disent qu'ils ne se sont pas mariés pour vivre maintenant en célibataires... En quoi ils n'ont pas tort ! Ce que le Seigneur leur demande, ce n'est pas simplement le célibat, c'est la fidélité au mariage et au conjoint, mais – nous l'avons vu – pour entrer dans cette perspective, il faudrait l'aide active de l'Église, à condition que celle-ci soit accueillante... et qu'on la fréquente... Et puis, il y a les enfants. Ne leur faut-il pas un père ou une mère de substitution ? Et puis, plus simplement encore, l'amour, dit-on, ne se commande pas. Les beaux principes s'envolent devant la tendresse qui est là, enfin, à ma portée. Après l'épreuve de l'échec, le cœur blessé n'en a-t-il pas besoin plus que tout autre ? C'est ainsi que beaucoup de chrétiens divorcés en viennent à envisager une nouvelle union, soit une union libre, soit – le plus souvent – une union civile. C'est leur situation qu'il nous faut envisager maintenant.

VII

LES PROBLÈMES POSÉS PAR UN REMARIAGE CIVIL

Pourquoi n'aurait-on pas une seconde chance ?

Nous sommes dans une civilisation qui supporte mal l'engagement à long terme, surtout si les choses tournent autrement que nous ne l'avions espéré. Si donc l'on se heurte à un échec, on souhaite qu'il soit immédiatement récupérable par une nouvelle chance où l'on recommence tout à zéro.

Il y a dans cette manière de penser une intuition juste, à savoir que, pour le Seigneur, aussi longtemps que nous sommes sur cette terre, rien n'est jamais irrécupérable. Même la vie apparemment la plus irrémédiablement perdue peut, grâce à sa miséricorde, fleurir en un instant et retrouver la jeunesse de l'espérance. Rien n'est jamais perdu pour Dieu. Celui que nous appelons « le bon larron » en est l'illustration extrême : un brigand qui, en quelques minutes, passe du gibet à la vie du

Royaume ! A fortiori le Seigneur veut-il nous ouvrir un passage quand nous nous heurtons à l'impasse de la souffrance, de l'échec, de la solitude.

Mais le Seigneur ne nous ouvre un chemin d'espérance qu'en respectant la vérité de son appel sur nos vies. Il remet debout la femme adultère, mais en l'invitant à changer de vie. Il accueille les pécheurs, mais en les pressant de se convertir. Il donne certainement une nouvelle chance de vie à ses disciples séparés ou divorcés, mais pas en leur proposant une nouvelle union qu'il réprouve explicitement. Et quand on lui objecte que la Loi de Moïse prévoyait – dans un esprit « machiste » – des cas où l'homme pouvait répudier sa femme et en épouser une autre, Jésus remonte, par-delà la Loi mosaïque, au plan originel du Créateur et consacre à nouveau l'indissolubilité du lien conjugal : « C'est en raison de votre endurcissement que (Moïse) a formulé cette loi. Mais, au commencement du monde, quand Dieu créa l'humanité, il les fit homme et femme. À cause de cela, l'homme quittera son père et sa mère, il s'attachera à sa femme, et tous deux ne feront plus qu'un. Ainsi ils ne sont plus deux, mais ils ne font qu'un. Donc, ce que Dieu a uni, que l'homme ne le sépare pas ! » (Mc 10, 5-9). Et Jésus conclut en mettant, sur ce point, l'homme et la femme à égalité (contrairement aux préjugés sexistes de l'époque) : « Celui qui renvoie sa femme pour en épouser une autre est coupable d'adultère envers elle ; et si une femme a renvoyé son mari et en épouse un autre elle est coupable d'adultère » (Mc 10, 11-12).

Personne n'est obligé d'être disciple de Jésus ni de se marier « dans le Seigneur ». Si donc on veut, en matière matrimoniale, disposer de plusieurs « chances », qu'on s'adresse à l'État qui, sur le plan civil, en accorde autant qu'on veut. Mais si on fait le choix d'être disciple de Jésus, on s'engage à l'avance à demeurer fidèle à son conjoint pour le meilleur et pour le pire. Et si l'on est libre, encore célibataire, on s'engage, comme disciple de Jésus, à ne pas vouloir épouser une personne séparée ou divorcée après un mariage sacramentel valide.

L'inconséquence des reproches faits à l'Église ou à Jésus

C'est donc une grave inconséquence de reprocher au Seigneur ou à l'Église un manque de compréhension en cette matière puisque, en s'engageant dans le mariage tel que Jésus le propose, on a ratifié l'union conjugale indissoluble pour le meilleur et pour le pire et ainsi renoncé, par avance, à tout droit de conclure un nouveau mariage religieux si la première union sacramentelle devait aboutir à un échec. Il faut savoir ce que l'on veut. Jésus, nous l'avons déjà vu, quand il propose un engagement radical, invite à bien réfléchir avant de s'engager et à mesurer longuement les conséquences de son engagement : « Quel est le roi qui, partant en guerre contre un autre roi, ne commencera par s'asseoir pour examiner s'il est capable, avec dix mille hommes, d'aller à la rencontre de celui qui marche contre lui avec vingt mille ? Sinon, alors que l'autre est encore loin, il lui envoie une ambassade pour demander la paix » (Lc 14, 31-32).

C'est pourquoi, plus haut, nous avons tellement insisté sur le pari très beau, mais très grave, que représente le mariage chrétien et sur l'importance de s'y préparer en toute lucidité. La perception de cette exigence n'est pas aisée à une époque où beaucoup de baptisés prétendent être croyants sans être pratiquants. On demande alors le mariage sacramentel sans le ratifier en profondeur. On cherche surtout une cérémonie et une reconnaissance et l'on réagirait très mal devant un refus ou une tentative de dissuasion. Et l'on s'engage ainsi dans le mariage religieux sans en ratifier en profondeur les conséquences. D'où, malgré l'engagement pris, l'exigence d'une nouvelle union religieuse lorsque la première s'est soldée par un échec. On ne sortira de ces contradictions que si toute la pastorale de l'Église et la mentalité générale orientent vers un engagement conjugal sacramentel moins routinier et mieux préparé.

Les curés ne s'arrangent-ils pas bien entre eux ?

Beaucoup de chrétiens – et d'autres – se scandalisent – et je les comprends très bien – de ce que l'Église ne se reconnaisse pas le droit de dissoudre un mariage qui a échoué, alors qu'elle permet parfois à des prêtres infidèles à leur célibat d'être relevés de leurs engagements et de se marier religieusement. Deux poids, deux mesures, dit-on. En effet, cette manière de faire donne la fâcheuse impression que l'Église est impitoyable à l'égard des laïcs tandis que les curés trouvent entre eux et à leur avantage certains accommodements...

En fait, la situation est fort différente. C'est par sa nature même et en vertu de la volonté expresse du Seigneur lui-même que le mariage entre baptisés est indissoluble. L'Église est, dès lors, sans pouvoir sur un mariage validement contracté entre baptisés et consommé dans le cœur et le corps. Le célibat du prêtre, par contre, n'est pas lié par nature au sacerdoce. Il y a, certes, une étroite affinité entre le sacerdoce et le célibat. Cette convenance profonde apparaît déjà dans le Nouveau Testament et l'Église en prendra progressivement conscience à travers les siècles, même si ce ne sont pas les meilleures raisons de cette convenance qui se sont imposées d'abord à l'esprit. Reste qu'une profonde convenance n'est pas une nécessité absolue, et les Églises catholiques d'Orient, en ayant à la fois un clergé célibataire et un clergé marié (coexistence qui n'est d'ailleurs pas sans problèmes), témoignent de ce que le lien entre sacerdoce et célibat n'est pas absolu. C'est pourquoi, dans le cas du célibat des prêtres, la miséricorde de l'Église dispose d'une liberté dont elle ne jouit pas dans le cas du mariage indissoluble. S'il y a donc un doute sérieux sur la liberté et la maturité de l'engagement au célibat, l'Église, après enquête, peut accorder à un prêtre la dispense du célibat et l'autoriser ainsi à se marier religieusement, mais toujours en lui demandant alors de renoncer à l'exercice du ministère sacerdotal.

Reste que ces distinctions, pour fondées qu'elles soient, sont difficilement compréhensibles par le grand public et que le scandale demeure d'un engagement pris solennellement lors de l'ordination et ensuite rompu. Sur ce plan subjectif de l'engagement pris en conscience, la comparaison entre les deux situations se défend, quoi qu'il en soit de la différence réelle entre le mariage par nature indissoluble et le lien de convenance non nécessaire entre sacerdoce et célibat. C'est pourquoi il est heureux que, depuis quelques années, Rome ne concède plus que très difficilement ce genre de dispenses du célibat sacerdotal, qui suscitent des comparaisons pénibles et démobilisent les époux dans leur effort de fidélité absolue.

Comment accueillir les divorcés lors du remariage civil ?

Beaucoup de chrétiens, après l'échec de leur mariage célébré sacramentellement, envisagent une nouvelle union. Nous avons vu comment le Seigneur dans l'Évangile et l'Église dans son enseignement éclairent leur conscience en leur déconseillant vivement une telle union. En étant entourés et soutenus, bon nombre pourraient être fidèles, malgré tout, à l'exigence évangélique. La plupart jugent pouvoir passer outre et décident, comme on dit, de « refaire leur vie ». L'Église respecte leur décision, surtout lorsqu'elle est inspirée par le bien des enfants et que tous les devoirs de justice – y compris celui du pardon – à l'égard du conjoint précédent et des enfants ont été remplis.

Il est clair cependant que, par définition, cette nouvelle union ne peut être qu'une union civile et, en aucune manière, une union sacramentelle. En effet, le sacrement de mariage entre baptisés est « signe » de l'union indissoluble entre Dieu et l'humanité, il est « témoignage » rendu à l'alliance indéfectible entre le Christ et nous tous qui formons son Épouse, l'Église. Comment une nouvelle union avec un nouveau partenaire pourrait-elle être « sacrement » de cette alliance infrangible alors qu'est toujours en vie le conjoint auquel je me suis lié précédemment par le mariage sacramentel ? Mais alors comment accueillir les demandes, relativement fréquentes, de célébrations religieuses à l'occasion des nouvelles noces – civiles – de divorcés qui se remarient (ou de célibataires épousant un(e) divorcé(e)) ?

Bien discerner les diverses demandes

Dans bien des cas – surtout quand il s'agit de catholiques non pratiquants – la demande porte surtout sur une « cérémonie ». L'Église est alors approchée un peu comme un self-service de « fastes religieux » permettant de jouer la marche nuptiale de Mendelssohn et de rassembler un bel album de photos-souvenirs. Souhaits légitimes, sans doute, mais dont on pourra trouver l'exaucement suffisant dans une célébration civile bien préparée, à condition que les municipalités fassent preuve d'imagination pour soigner le côté esthétique et chaleureux de leur « rituel ».

Mais, dans d'autres cas, nombreux également, la demande est inspirée par une vraie motivation religieuse. On a vécu un échec conjugal qui a laissé de profondes blessures. On tente à nouveau sa chance et, parfois, la nouvelle union qui se profile présente des garanties de succès plus solides du fait même qu'on a été instruit par l'expérience précédente. On voudrait dès lors confier cette nouvelle aventure à la protection de Dieu. D'où la demande d'une célébration, d'un « quelque chose » de religieux, d'un rite, fût-il élémentaire, qui soit à la fois une sorte de reconnaissance minimale et une garantie pour l'avenir. Que faire dans ce cas-là ?

Refuser les ambiguïtés d'une célébration liturgique

Comme l'écrit courageusement Jean-Paul II dans son Exhortation apostolique sur la famille *Familiaris Consortio* (§ 84) : « Le respect dû au sacrement de mariage, aux conjoints eux-mêmes et à leurs proches, et aussi à la communauté des fidèles, interdit à tous les pasteurs, pour quelque motif ou sous quelque prétexte que ce soit, même d'ordre pastoral, de célébrer, en faveur de divorcés qui se remarient, des cérémonies d'aucune sorte. Elles donneraient, en effet, l'impression d'une célébration sacramentelle de nouvelles noces valides, et induiraient donc en erreur à propos de l'indissolubilité du mariage contracté validement ».

C'est pourquoi, reprenant les instructions de mon prédécesseur, Mgr Mathen, et en communion avec tous les autres évêques de Belgique – et d'ailleurs – je demande avec insistance qu'on renonce à toute forme d'accueil pastoral qui pourrait faire croire aux conjoints, à la famille ou à la communauté des fidèles, qu'il s'agit d'un véritable mariage sacramentel, comme, par exemple : la bénédiction des anneaux, un échange de consentements, un cortège à l'église après le mariage civil, un accueil en vêtements liturgiques, etc.

À noter également qu'on ne dissipera pas cette grave ambiguïté par la simple déclaration, au début d'une telle « célébration », qu'il ne s'agit pas du sacrement de mariage. Une telle réserve, en effet, serait mal perçue par le public et aussitôt mise entre parenthèses. La plupart ne retiendront que ceci : « Ils se sont mariés à l'église... » Même la pratique consistant à célébrer, à bonne distance du mariage civil, une messe pour les défunts des familles des deux conjoints n'est pas dépourvue d'ambiguïté si elle devient l'occasion déguisée d'un cortège nuptial et d'un accueil public du couple à la sortie de l'église.

Se limiter à l'éventualité d'une prière strictement privée

Est-ce à dire que la nouvelle union civile ne puisse en aucune manière s'accompagner d'un geste de prière ? Il me semble qu'une certaine souplesse est permise à certaines conditions. La Bible, en effet, comporte des prières issues du cœur humain en toutes circonstances, même à partir de situations qui ne sont pas exemplaires.

Certains refusent toute forme de prière, même privée, à l'occasion d'un remariage civil, en disant que cela n'a pas de sens de confier à Dieu dans la prière la situation d'adultère permanent dans laquelle on s'engage par le remariage civil. Ils ont pour eux la littéralité des paroles de Jésus déclarant « adultère » quiconque, ayant répudié son conjoint, en épouse un autre ou quiconque épouse une personne répudiée. J'ai même entendu un jour un confrère me dire : « Allez-vous prier avec une personne qui vous annonce qu'elle va faire demain un hold-up risqué, sous le prétexte que cet événement est très important dans sa vie ?.. » À force d'être excessive, cette rigueur devient insignifiante. Il est clair qu'en contractant une nouvelle union civile on s'écarte gravement du commandement du Seigneur. Mais tout n'est pas négatif pour autant dans cette nouvelle union sur le plan humain, même si elle ne peut être une union sacramentelle. Il y a aussi, dans nombre de cas, des circonstances atténuantes, spécialement lorsque, de manière évidente, un conjoint a été lâchement abandonné par l'autre. Certes, cette circonstance ne supprime pas la validité du mariage sacramentel par lequel on s'était précisément engagé à demeurer fidèle à son conjoint même infidèle, à l'image du Christ. Mais elle constitue bien une circonstance atténuante pour le conjoint abandonné qui veut contracter une nouvelle union civile.

Dans ces cas et d'autres semblables, le prêtre pourra éventuellement, après le dialogue pastoral approprié, participer, en excluant toute forme liturgique, à un moment de prière à la maison (et pas le jour même du mariage civil). Cette prière aura toujours une dimension pénitentielle et comportera un appel à la miséricorde du Seigneur. La tonalité sera à peu près celle-ci :

« Seigneur, tu connais notre cœur mieux que nous-mêmes. Tu sais combien nous avons souffert au cœur de l'échec qui a marqué notre expérience conjugale antérieure. Tu connais notre responsabilité aux uns et aux autres. Et nous, nous savons qu'en nous engageant dans cette nouvelle union nous avons manqué à ton appel. Oui, nous le reconnaissons, notre union ne peut plus être un signe de ton alliance d'amour irréversible avec nous. Nous te confions donc à la fois notre souffrance, notre faute et notre désir. Car tels que nous sommes, nous croyons que tu nous aimes et, en retour, à partir de notre situation telle qu'elle est, même si elle n'est pas idéale, nous désirons t'aimer du mieux que nous pouvons. Nous nous confions donc à ta miséricorde et te supplions que notre amour, même s'il ne correspond pas à tes vues sur nous, porte malgré tout du fruit pour ton Église et pour le monde.

C'est dans cette humilité du cœur que nous voulons prendre en ton Église la place que tu nous y accordes et assumer à son service les engagements qu'elle nous proposera. »

Dans cet esprit, on pourra retenir l'un ou l'autre texte de la Parole de Dieu afin de soutenir l'espérance en la miséricorde de Dieu (par exemple : Mt 15, 21-28 ou Mc 7, 24-30 ; Lc 7, 36-50 ; Rm 8, 28-39). On pourra formuler quelques intentions de prière pour le foyer, pour les couples éprouvés et pour ceux qui sont dans la joie ainsi que d'autres intentions que chacun pourra formuler librement. On terminera par le « Notre Père ».

Toujours allier miséricorde et vérité

Tout ceci pourra paraître très exigeant, et ce l'est. Mais la vérité sur le mariage chrétien est à ce prix. Et le respect de la vérité est la première forme de l'authentique miséricorde. Si l'Église catholique commençait à dire, inspirée par une miséricorde à courte vue : « Tout le monde a droit à l'erreur. Nous allons donner aux couples qui ont échoué une seconde chance de vivre le sacrement de mariage (et puis une troisième…). Venez, nous allons bénir votre nouvelle union en priant Dieu qu'elle réussisse mieux que la première », dans un premier temps tout le monde applaudirait. On dirait : « Voyez comme l'Église, enfin, est devenue compréhensive et miséricordieuse ! ». Mais, dans un second temps, on se mordrait les doigts. Que serait-il advenu alors de la vérité apportée solennellement par Jésus concernant le sens originel de l'union de l'homme et de la femme ? Et puis, insensiblement, l'Église en viendrait à faire comme la société civile, laquelle unit et désunit avec une facilité qui fragilise dangereusement l'institution conjugale et témoigne de peu de respect pour la famille. Au lieu d'être le sel de la terre – qui ne doit surtout pas s'affadir ! – l'Église calquerait son comportement sur le monde présent, ce que l'Évangile lui demande à tout prix d'éviter (cf. Mt 5, 13 et Rm 12, 2). Et alors, la génération suivante risquerait de juger sévèrement une Église qui, au nom d'une miséricorde infidèle à la vérité, se serait laissé entraîner sur des voies étrangères à l'Évangile et ruineuses pour la famille. Jésus est très strict sur ce point : « Entrez par la porte étroite. Car large et spacieux est le chemin qui mène à la perdition, et il en est beaucoup qui le prennent ; mais étroite est la porte et resserré le chemin qui mène à la Vie, et il en est peu qui le trouvent » (Mt 7, 13-14).

C'est pourquoi l'Église catholique refuse d'accueillir la proposition qui est faite parfois de dissocier la pratique juridique de l'Église de l'idéal évangélique et, à l'instar de certaines autres communautés chrétiennes, d'établir une sorte de Tribunal d'Église où, au cas par cas, on apprécierait la responsabilité respective des conjoints en difficulté et concéderait – ou refuserait – à l'un ou à l'autre, selon ses mérites, la faculté de contracter une nouvelle union sacramentelle. Outre la difficulté d'une telle pesée des mérites et torts de chacun, comment, dans une telle pratique, la miséricorde de l'Église demeurerait-elle fidèle à la vérité tranchée de l'Évangile ?

Multiplier les gestes d'accueil qui respectent la vérité

Par contre, on fera preuve d'imagination pour que, la vérité de l'Évangile étant sauve, les divorcés remariés soient positivement accueillis dans une Église dont ils sont toujours membres à part entière. Même si on n'a pu accompagner leur remariage civil d'aucune célébration liturgique, on veillera à leur réserver un dialogue pastoral de qualité. Lors des célébrations ou des fêtes orientées vers les familles, on aura toujours une attention pour eux en même temps que pour les autres foyers. Lorsque, dans la prière universelle, on prie pour les couples chrétiens, on n'oubliera pas de mentionner à l'occasion les couples de divorcés remariés. On veillera dans le diocèse à avoir, de temps en temps, un moment explicite d'accueil pour ces couples qui ont parfois d'autant plus besoin d'être spécialement invités à une rencontre fraternelle qu'ils se sentent en porte-à-faux par rapport aux exigences de Jésus et de son Église. Nous y reviendrons encore dans le paragraphe suivant, lequel sera précisément consacré à la place qui revient aux divorcés remariés dans l'Église.

VIII

LA PLACE DES DIVORCÉS REMARIÉS DANS L'ÉGLISE

Un amour de prédilection pour les plus blessés

Des gens me disent parfois : « Monseigneur, vous prenez plus de temps pour rencontrer les divorcés remariés que pour entrer en contact avec les familles normales. Vous avez même prêché récemment toute une récollection pour des couples de divorcés remariés, et pour nous, vous ne l'avez pas encore fait ! ». La remarque n'est pas tout à fait exacte car, lors des grands rassemblements diocésains ou lors de mes visites pastorales dans les doyennés, je rencontre une foule de familles, si j'ose dire, « sans problèmes ». La Commission diocésaine de pastorale familiale et moi-même devrons multiplier à l'avenir ces occasions d'encouragement aux familles. Mais, ceci dit, dans la logique de l'Évangile, n'est-il pas raisonnable d'accorder plus de temps et de sollicitude à ceux dont l'amour a été blessé, et ce quelle que soit leur responsabilité personnelle dans l'échec qui a marqué leur vie de couple ? N'est-ce pas le propre du Bon Pasteur d'abandonner, pour un temps, les quatre-vingt-dix-neuf brebis demeurées fidèles afin de choyer celle qui s'est égarée ? Après une époque où les divorcés remariés ont été montrés du doigt et traités sans ménagements, n'est-ce pas une juste compensation de leur manifester aujourd'hui une sollicitude particulière, non pas pour justifier leur situation ou la banaliser, mais afin de leur témoigner l'accueil du Christ pour les pécheurs que nous sommes tous ?

Un appel vibrant de Jean-Paul II

Dans le prolongement du Synode de 1980 consacré à la famille, le Pape Jean-Paul II a publié en 1981 un texte majeur sur la mission de la famille chrétienne, à savoir l'Exhortation apostolique *Familiaris Consortio*. Ce texte parle des difficiles problèmes posés aujourd'hui par les nombreux échecs conjugaux sur un ton très neuf et libérateur. C'est la première fois qu'un Pape demande explicitement aux pasteurs de traiter de manière différenciée les divorcés remariés selon leur situation respective. Écoutons Jean-Paul II lui-même :

> *Les pasteurs doivent savoir que, par amour de la vérité, ils ont l'obligation de bien discerner*

les diverses situations. Il y a en effet une différence entre ceux qui se sont efforcés avec sincérité de sauver un premier mariage et ont été injustement abandonnés, et ceux qui par une faute grave ont détruit un mariage canoniquement valide. Il y a enfin le cas de ceux qui ont contracté une seconde union en vue de l'éducation de leurs enfants, et qui ont parfois, en conscience, la certitude subjective que le mariage précédent, irrémédiablement détruit, n'avait jamais été valide (§ 84).

Ce texte est capital, car il invite courageusement les pasteurs à ne plus parler « des divorcés remariés » en général, mais à faire des distinctions nuancées. Celles-ci seront particulièrement précieuses dans l'appréciation des tâches et responsabilités que l'on peut confier dans l'Église à des divorcés remariés. Car – il est utile de le rappeler – les divorcés remariés, même s'ils se trouvent dans une situation qui est en porte-à-faux avec l'Évangile, demeurent membres à part entière de l'Église. Contrairement à une opinion répandue, ils ne sont en aucune manière « excommuniés » ! Beaucoup de gens pensent que, parce que les divorcés remariés sont invités à ne pas « communier » à la messe (nous aborderons cette difficile question dans le paragraphe suivant), ils sont « excommuniés »... Cela n'a rien à voir ! Être « excommunié », ce n'est pas simplement être privé de la « communion » au Corps du Christ à la messe, c'est être coupé de la « famille » et, en ce sens, de la « communion » de l'Église, à la suite d'une faute très grave spécifiée par le droit, ce qui est tout différent ! Beaucoup de chrétiens ne peuvent pas « communier » à la messe (des catéchumènes non encore baptisés, des enfants, des personnes ayant commis une faute grave... et des divorcés remariés) qui ne sont pas « excommuniés » pour autant de l'Église !

C'est pourquoi Jean-Paul II poursuit dans le même texte :

> *Avec le Synode, j'exhorte chaleureusement les pasteurs et la communauté des fidèles dans son ensemble à aider les divorcés remariés. Avec une grande charité, tous feront en sorte qu'ils ne se sentent pas séparés de l'Église, car ils peuvent et même ils doivent, comme baptisés, participer à sa vie. On les invitera à écouter la Parole de Dieu, à assister au Sacrifice de la messe, à persévérer dans la prière, à apporter leur contribution aux œuvres de charité et aux initiatives de la communauté en faveur de la justice, à élever leurs enfants dans la foi chrétienne, à cultiver l'esprit de pénitence et à en accomplir les actes, afin d'implorer, jour après jour, la grâce de Dieu. Que l'Église prie pour*

eux, qu'elle les encourage et se montre à leur égard une mère miséricordieuse, et qu'ainsi elle les maintienne dans la foi et l'espérance ! (§ 84.)

Confier aux divorcés remariés des tâches adaptées

Les distinctions proposées par Jean-Paul II seront très précieuses pour discerner le type de tâches ecclésiales qui peuvent être confiées à des divorcés remariés disposés à les assumer. Ce discernement doit être effectué sur place, en tenant compte des sensibilités locales. Nous nous limiterons donc ici à des orientations très générales.

Ainsi évitera-t-on que des divorcés remariés aient la première responsabilité dans une équipe paroissiale ou un groupe de catéchèse. Mais rien n'empêche qu'ils soient membres d'une telle équipe ou participent à la catéchèse pourvu qu'ils ne justifient jamais leur situation et reconnaissent loyalement l'enseignement de l'Église concernant le mariage et le divorce. Cette souplesse sera d'autant plus indiquée lorsqu'il s'agit de personnes se trouvant dans les situations envisagées positivement par *Familiaris Consortio* dans le texte cité ci-dessus. Dans le même esprit, les divorcés remariés s'abstiendront de participer aux équipes de préparation au mariage, sauf si c'est pour y témoigner d'une manière qui soit parfaitement conforme à la discipline de l'Église.

De même, on ne prendra pas des divorcés remariés comme parrains ou marraines de baptême ou de confirmation, car la loi de l'Église exige pour cette mission des personnes dont la vie est conforme à la foi (CIC, can. 874, § 1, 3°) ; on ne leur demandera pas non plus d'accomplir des fonctions liturgiques (lecteur, ministre de la communion). Par contre, ils participeront librement à des mouvements ou groupes chrétiens et seront les bienvenus dans les chorales paroissiales et pour d'autres services à la communauté.

Enfin, on ne perdra pas de vue qu'il est bien d'autres situations de vie que le remariage civil dans lesquelles il vaut mieux s'abstenir de demander tel service ecclésial à telle personne. Le problème réel posé par l'état de divorcé remarié ne devrait pas être mis en évidence unilatéralement.

Pour un accueil vrai et plein d'imagination

Pour conclure ce chapitre, rappelons combien il est urgent d'avoir de l'imagination pour manifester, toujours dans le respect de la vérité, la sollicitude respectueuse de la communauté chrétienne à l'égard des divorcés remariés, surtout de ceux qui cherchent loyalement à rejoindre les exigences de l'Évangile sur leur vie à partir de leur situation de fait. J'ai déjà évoqué plus haut la gratitude que j'éprouve à l'égard du groupe de personnes séparées, divorcées ou remariées qui m'invitent régulièrement à des journées de rencontre avec des chrétiens marqués par l'expérience de l'échec conjugal et, notamment, avec des divorcés remariés. Ce sont des journées bénies où le pasteur se sent tout à fait à sa place parmi ces frères et ces sœurs souvent habités par le sentiment d'être rejetés de la grande famille de l'Église.

Lors de ces journées, avec une totale confiance dans le Seigneur et dans son Église, je dis toujours à Jésus, avant de prendre la parole : « Seigneur, vois tous ces frères et ces sœurs réunis ici pour vivre une journée qui leur fasse du bien. Tu connais leurs souffrances, leurs révoltes et leurs attentes. Tu sais mieux que moi combien, sur certains points, ton enseignement et celui de ton Église n'est pas facile à entendre pour eux. Mets ton cœur dans le mien pour que je dise toute ta vérité, sans rien retrancher, mais avec tant de délicatesse et tant d'amour qu'ils puissent vraiment l'accueillir comme venant de toi. Donne-moi d'apprendre à leur contact la meilleure manière de les écouter, de les rejoindre, de les accueillir et de les conduire jusqu'à la plénitude des exigences miséricordieuses de ton amour pour eux ».

L'expérience montre à chaque fois que, dans ces dispositions d'esprit, même les points les plus difficiles peuvent être abordés en toute clarté. Tous n'accueillent pas d'emblée positivement l'enseignement du Seigneur et de l'Église. Mais à peu près tous lui ouvrent leur cœur et font un pas – quand ce n'est pas un retournement décisif ! – dans la bonne direction.

Parmi les points névralgiques les plus délicats à traiter, il y a, bien sûr, la question controversée de l'accueil – ou du non-accueil – des divorcés remariés à la communion eucharistique et au sacrement du pardon. Ce problème est tellement complexe et objet de tant de discussions passionnées que nous lui réservons un paragraphe particulier.

IX

LA QUESTION DÉLICATE DE L'ACCÈS À LA COMMUNION

L'Église aurait-elle le cœur dur ?

Chacun sait que l'Église demande aux divorcés remariés de participer à la messe, mais en s'abstenant d'y communier au Corps du Christ. Une actualité récente a relancé cette question dans les médias, à savoir la publication, en 1994, de la Lettre de la Congrégation pour la Doctrine de la Foi, présidée par le Cardinal Ratzinger, sur l'accès à la communion eucharistique de la part des fidèles divorcés remariés.

Cette Lettre ne comportait rien de nouveau, mais répondait à des essais récents, proposés notamment par trois évêques allemands, en vue d'introduire plus de souplesse dans la discipline de l'Église catholique en la matière. Ce fut un beau tollé ! Comment ? Les divorcés remariés ont déjà connu la souffrance d'un grave échec conjugal et voici que leur propre Église les humilie davantage encore en leur interdisant de communier ! Comble d'hypocrisie : on les invite, certes, au repas, mais, au moment de se mettre à table, on les prie de se tenir écartés… Est-ce que l'amour du Christ n'est pas d'abord pour les pécheurs ? Ne sont-ce pas les blessés de l'amour qui ont le plus besoin de recevoir le sacrement de l'amour ?

Comment débrouiller un tel écheveau de questions et de réactions passionnées ? Nous allons nous y employer méthodiquement. Nous commencerons par un rappel, valable pour tous les chrétiens, de l'enseignement de l'Église concernant les conditions d'une bonne communion au Corps du Christ. Nous le ferons en nous appuyant sur quelques paragraphes du *Catéchisme de l'Église catholique* (CEC).

Les conditions requises pour une bonne communion

À la suite de saint Paul (1 Co 11, 27-29), l'Église nous demande tout d'abord de nous préparer à la communion en examinant notre conscience. C'est une manière de nous assurer, en tout premier lieu, de la droiture de notre intention : vais-je communier par conviction profonde, ou simplement pour faire comme tout le monde ou pour d'autres raisons qui n'ont rien à voir avec la sainteté du Corps du Christ ? C'est aussi l'occasion de me demander si je suis « en état de grâce », c'est-à-dire en amitié avec Dieu, ou si j'ai sur la conscience une faute grave par laquelle j'ai trahi mon alliance avec Lui, auquel cas je dois d'abord recevoir le sacrement de la Réconciliation (cf. CEC, §§ 1385 et 1457).

Devant la grandeur du sacrement de l'Eucharistie, chaque fidèle doit ensuite, même s'il est en état de grâce, prendre conscience de son indignité : « Seigneur, je ne suis pas digne de te recevoir, mais dis seulement une parole et je serai guéri ». Semblablement, les circonstances de la communion et la manière de communier exprimeront la foi profonde du fidèle qui s'approche de l'Eucharistie. On veillera à respecter le jeûne prescrit par l'Église, à savoir de s'être abstenu de nourriture et de boisson autres que de l'eau ou des médicaments durant l'heure qui précède la communion. De même, l'attitude corporelle (gestes, vêtements) traduira le respect du communiant et exprimera la joie en même temps que la gravité de ce moment solennel où le Christ devient notre hôte (cf. CEC, §§ 1386 et 1387).

Ceci étant rappelé à l'intention de tous, venons-en à la discipline particulière de l'Église concernant l'accès des divorcés remariés à l'Eucharistie.

Le sens de la discipline de l'Église

Si l'Église, depuis tant de siècles, demande aux divorcés remariés de s'abstenir de communier, ce n'est évidemment pas pour le plaisir de les humilier ou de leur compliquer la vie ! C'est qu'il y a là un très grave enjeu. Voyons lequel.

Communier au Corps de Jésus, c'est proclamer l'Alliance nouvelle et éternelle que le Seigneur a conclue avec nous en nous livrant son corps sur le lit nuptial de la Croix, en versant son sang pour nous sur l'autel du Calvaire. La communion eucharistique est la proclamation maximale de l'Alliance indissoluble entre le Christ Époux et son Épouse, l'Église. Or, nous l'avons vu, ceux qui se marient chrétiennement se marient « dans le Seigneur » ; ils glissent leur alliance d'homme et de femme à l'intérieur de l'Alliance de Dieu avec l'humanité en Jésus. C'est pourquoi, en principe, il est si indiqué, pour les époux, de communier au Corps et au Sang de Jésus lors de la messe de mariage. Mais si, après un divorce civil, on se remarie civilement ou si, étant libre soi-même, on épouse une personne divorcée, on se met dans une situation objective de rupture consommée de l'alliance conjugale, de l'alliance dans le Seigneur. Il y aurait alors contradiction à proclamer, dans l'acte de communier, une Alliance conjugale indissoluble que l'on nie, par ailleurs, en s'établissant dans une situation permanente d'alliance conjugale rompue. Le sacrement de l'eucharistie, auquel on voudrait communier, entrerait alors en conflit avec le sacrement de mariage, auquel on est objectivement infidèle. C'est là le nœud de la question.

Et les autres situations où communier est un scandale !

On objectera qu'il y a bien d'autres situations où des chrétiens violent l'alliance avec le Seigneur et feraient mieux de ne pas communier. C'est tout à fait vrai et nous y reviendrons encore plus loin. Beaucoup se scandalisent – et ils n'ont pas tort – de voir s'approcher de la communion des baptisés connus pour leur comportement moral, social, économique ou politique contestable. Par exemple, des personnes vivant manifestement en concubinage sans être mariés ou des personnes malhonnêtes en affaires, etc. Par son enseignement, l'Église doit éclairer la conscience de ces personnes et les avertir gravement de la nécessité de la conversion et du pardon avant de recevoir le corps du Christ. Car Jésus se donne aux pécheurs, mais toujours en demandant au préalable la conversion profonde du cœur. N'oublions pas non plus que communier n'est pas une démarche religieuse privée soumise à la seule règle de notre conscience personnelle, mais un acte public comportant des exigences objectives et régi, dès lors, par la discipline commune de l'Église.

Il y a cependant une différence entre la situation des divorcés remariés et les cas évoqués à l'instant, à savoir la distinction entre une situation objective durable et un comportement. L'Église ne peut pas commencer à juger du « comportement » personnel de chacun, en disant : « Toi, tu peux communier, et toi, non ». Elle s'en remet ici à la conscience personnelle de chacun, tout en cherchant à l'éclairer. Qui sait si, entretemps, la personne au comportement mal famé ne s'est pas amendée, n'a pas décidé de changer de vie ? Dans le cas des divorcés remariés, il ne s'agit pas seulement d'un « comportement » dont on pourrait changer du jour au lendemain ; il s'agit d'une « situation de fait », d'une « situation objective » habituellement appelée à durer. Et, par surcroît, il s'agit d'une situation qui, de manière plus directe qu'une autre, attente au mystère de l'Alliance. En demandant aux divorcés remariés de ne pas communier, l'Église ne se prononce donc pas sur leurs dispositions intérieures – qui peuvent être excellentes – mais prend en considération la contradiction durable de leur situation objective d'alliance rompue avec le sacrement eucharistique de l'Alliance. Bref, impossible de proclamer publiquement l'Alliance par la communion eucharistique tandis qu'on la renie publiquement par l'infidélité à l'alliance conjugale telle que Jésus la veut.

Il ne s'agit pas d'une « sanction » discriminatoire

À noter que cette abstention de la communion n'est pas d'abord à comprendre comme une sanction de la part de l'Église. Ce sont les chrétiens eux-mêmes qui se mettent en situation de porte-à-faux par rapport à la communion au Corps du Christ en s'engageant dans une union civile (ou un concubinage) qui contredit l'alliance conjugale indissoluble. En se mariant sacramentellement, on s'était engagé à être fidèle à l'autre pour le meilleur et pour le pire et l'on avait ratifié l'indissolubilité du mariage chrétien avec toutes ses conséquences. Celui donc qui, malgré tout, se remarie civilement après un divorce ou, étant libre, épouse une personne divorcée, fait lui-même un choix qui l'établit de manière durable dans une situation qui l'écarte de la communion au sacrement de l'Alliance.

Dieu n'est pas prisonnier de ses sacrements

Pour ramener les choses à leur véritable proportion, n'oublions pas non plus que la participation à la messe ne se réduit pas à la seule communion. Certes, comme le rappelle le *Catéchisme* (CEC, § 1388), l'idéal est de communier à la messe, à condition d'être dans les dispositions requises. L'Église fait même une obligation aux fidèles de participer à la messe les dimanches et les jours de fête et de recevoir au moins une fois par an l'Eucharistie, si possible au temps de Pâques, préparés par le sacrement de la Réconciliation (cf. CEC, § 1389). Mais si, pour une raison ou pour une autre, on en est empêché, cela n'interdit pas de s'unir au sacrifice de Jésus s'offrant à son Père pour le salut du monde. De plus, demeure toujours possible ce qu'on appelle traditionnellement la « communion spirituelle », c'est-à-dire la communion de cœur avec le Seigneur, même si l'on s'abstient de la communion eucharistique. Soyons-en convaincus : le Seigneur n'est jamais prisonnier de ses sacrements. La communion eucharistique est le moyen habituel de communier ici-bas à l'amour de Jésus pour nous. Mais on peut en être empêché pour de multiples raisons. Par exemple, parce qu'on n'est pas encore baptisé tout en ayant déjà la foi, parce qu'on n'a pas l'âge requis, parce qu'on se trouve dans un pays sans eucharistie, parce que l'état de santé interdit de communier, parce qu'on n'est pas à jeun selon les règles prévues par l'Église, parce qu'on vit dans le péché et qu'on devrait d'abord se repentir et, normalement, se confesser [9] ou, enfin, parce qu'on est divorcé remarié. Dans tous ces cas, si nos dispositions intérieures sont droites, le Seigneur n'est pas ligoté par le sacrement de son amour et il saura se donner spirituelle-

---

9. Comme le rappelle le *Catéchisme*, « celui qui a conscience d'avoir commis un péché mortel ne doit pas recevoir la sainte communion, même s'il éprouve une grande contrition, sans avoir préalablement reçu l'absolution sacramentelle, à moins qu'il n'y ait un motif grave pour communier et qu'il ne lui soit pas possible d'accéder à un confesseur » (CEC, § 1457).

ment avec grand fruit à celui qui ne peut s'approcher de lui dans l'Eucharistie.

C'est la force du mot de Thérèse de l'Enfant-Jésus prononcé le 5 juin 1897, quatre mois avant sa mort. Ses sœurs s'inquiétaient à la pensée qu'elle pourrait mourir à l'improviste, sans avoir pu se confesser, recevoir l'Extrême-Onction et communier. Thérèse les rassurait en disant : « Si vous me trouviez morte un matin, n'ayez pas de peine : c'est que Papa le Bon Dieu serait venu tout simplement me chercher. Sans doute, c'est une grande grâce de recevoir les sacrements ; mais quand le Bon Dieu[10] ne le permet pas, c'est bien quand même ; tout est grâce ».

Qu'est-ce, en effet, que communier sinon rencontrer l'amour crucifié du Seigneur et avoir part à son fruit de vie ? Les divorcés remariés sont invités à cette rencontre et à cette participation à travers leur abstention même de l'Eucharistie. À ces chrétiens et à ces chrétiennes, souvent marqués profondément par l'échec de leur mariage, Jésus dit : « Toi, mon frère, toi, ma sœur, c'est dans le renoncement à la communion que tu communieras à ma croix et à ma résurrection, à ma prière et à mon Esprit, accepte cette souffrance par

---

10. Et l'on pourrait ajouter : « ou quand son Église... »

amour pour moi et par respect de mon alliance d'amour, et moi, ton Seigneur et ton Dieu, je trouverai bien les moyens de te réconforter et de te combler autrement. Mets ta confiance en moi et en mon Église ».

L'attitude exemplaire
de certains divorcés remariés

Je désire en témoigner ici très clairement : il est des divorcés remariés qui, ayant compris en profondeur la discipline de l'Église, participent à la messe sans communier et qui, dans leur abstention même de la communion, « communient » sans doute plus authentiquement à Jésus que tant de baptisés qui sont « en règle », mais communient routinièrement. Leur attitude est exemplaire.

Je me souviens avec émotion d'une personne que j'ai accueillie lors d'une célébration communautaire de la Réconciliation. On était à la veille d'une grande fête. Ignorant son état de vie, je lui propose, comme signe de conversion, de communier avec une particulière ferveur à la messe du lendemain. Elle me dit alors très simplement : « Cela, Monseigneur, je ne le ferai pas, par respect pour le sacrement de mariage et pour l'eucharistie, car je suis divorcé remarié ».[11] Je l'ai félicitée pour sa droiture et lui ai proposé un autre geste de conversion. Le lendemain, à la messe, cette personne était avec sa famille au premier rang. Au moment de la communion, ses enfants se sont approchés. Elle est restée là, à genoux, dans une attitude de profonde prière. Ne communiait-elle pas, en vérité, à Jésus autant que beaucoup d'autres qui « communient » parfois distraitement au corps du Christ ? Après la messe, j'ai eu l'occasion de lui dire un mot en particulier. Je lui ai dit : « La prochaine fois, vous vous avancerez au moment de la communion et vous ferez comme les enfants qui ne peuvent pas encore communier ; vous mettrez vos mains sur la poitrine et je vous bénirai comme je le fais pour les enfants ». Cette proposition lui a convenu, comme à son conjoint d'ailleurs, et c'est ainsi que nous procédons désormais.

Faire preuve d'imagination dans l'accueil

Pourquoi cette manière de faire ne se généraliserait-elle pas ? Récemment encore, lors

---

11. Nous reviendrons plus loin sur la question de l'accès des divorcés remariés au sacrement de la réconciliation. En l'occurrence, en effet, l'absolution sacramentelle n'était pas possible. Elle devait être remplacée par une prière de miséricorde.

d'un grand rassemblement à Beauraing, j'ai proposé que toutes les personnes qui le souhaitent s'approchent lors de la procession de communion et, si elles ne peuvent communier pour une raison ou pour une autre, se fassent bénir du prêtre à la manière des jeunes enfants. Certains sont manifestement entrés dans cette démarche avec beaucoup de cœur et leur attitude en a édifié un grand nombre. Pourquoi ne pas faire de même dans nos assemblées paroissiales, qui devraient toujours être des assemblées fraternelles où chacun est reçu tel qu'il est ? Cela éviterait que des personnes bien disposées souffrent démesurément en restant vissées à leur place tandis que le reste de l'assemblée, y compris leurs propres enfants, s'avancent pour communier. Que de blessures on éviterait grâce à un peu plus de chaleur humaine !

Un témoignage encore, en ce sens, recueilli récemment, lors d'un week-end de récollection pour divorcés remariés. Étaient présents une vingtaine de couples en situation irrégulière. Nous étions reçus dans une communauté comptant un nombre sensiblement égal de membres. Le dimanche venu, l'eucharistie a été célébrée pour toutes les personnes présentes. Certains redoutaient le moment de la communion... Mais, en fait, tout s'est bien passé. Grâce à l'enseignement donné au préalable, les divorcés remariés savaient pourquoi il était plus juste qu'ils s'abstiennent d'eux-mêmes de communier et comment ils retireraient de grands profits spirituels de cette abstention s'ils la vivaient par amour et non par contrainte. Tous sont entrés dans cette perspective, très neuve pour certains, non sans souffrance, certes, mais avec un grand réconfort en voyant que, par solidarité avec eux, certains membres de la communauté qui les accueillait s'abstenaient librement, eux aussi, de communier. C'est à la suite de cette messe que certains divorcés remariés m'ont éclairé en me disant : « Une prochaine fois, invitez-nous à nous présenter, nous aussi, devant vous au moment de la communion, et vous nous bénirez ». Merci à ces frères et à ces sœurs pour l'inventivité de leur amour pour le Christ et pour l'Église !

La grande souffrance de certains

Certains divorcés remariés entrent volontiers dans cette attitude quand on la leur propose avec amour et respect. Beaucoup d'autres emboîteraient le pas si on leur donnait un enseignement nuancé à ce propos.

Reste que, chez certains, la souffrance demeure très grande, même avec ce genre de pédagogie. Pourquoi « certains » ? Parce que, parmi les divorcés remariés, il s'en trouve pour qui le désir de communier est surtout de l'ordre de la « revendication ». Nous sommes à une époque où l'on supporte difficilement que d'autres puissent faire ce que je ne peux pas. Pourquoi les autres pourraient-ils communier, et moi non ? Ce qui intéresse, dans ce cas-là, c'est plus le souci d'égalité que la communion eucharistique elle-même. Et si vous disiez à ces personnes que la discipline de l'Église a changé, qu'elles peuvent communier sans problème, vous ne les verriez pas nécessairement toutes à la messe le dimanche suivant...

Par contre, grande et bien compréhensible est la souffrance de divorcés remariés fervents, ayant une foi profonde dans l'Eucharistie. Pensons notamment à ceux que mentionne spécialement Jean-Paul II dans *Familiaris Consortio* (§ 84), ceux qui ont été injustement abandonnés par leur premier conjoint, ceux qui se sont remariés d'abord pour achever l'éducation de leurs enfants, ou encore ceux qui ont la conviction intime que leur premier mariage n'était pas valide, même s'ils ne peuvent en fournir la preuve dans une enquête canonique. Leur souffrance s'accentue à certains moments de la vie : lors des grandes fêtes liturgiques, lors de la première communion des enfants ou lors des funérailles de parents tout proches.

L'effrayante banalisation de l'Eucharistie

Le scandale devient encore plus intense face à l'effroyable banalisation de la communion dans beaucoup de nos assemblées eucharistiques, spécialement lors des messes de funérailles ou de mariage. Souvent la communion devient un simple signe de participation. On défile à la communion comme on défile à l'offrande lors de funérailles, avec cette seule différence que, lors de l'offrande, on dépose dans le panier une rondelle métallique, tandis que, lors de la communion, on emporte une rondelle de pain. Certains consomment l'hostie apparemment sans respect, tout en marchant, d'un geste désinvolte, vulgaire à la limite, exactement comme si on avalait des chips dans une réception. Et c'est le Corps de Jésus ! C'est le même corps qui fut conçu dans le sein de Marie, qui fut cloué pour moi sur la croix et que le Père a ressuscité d'entre les morts ! C'est le Corps très saint qui m'engendre à la vie éternelle ! S'en douterait-on quand on assiste à ce geste expéditif, routinier, mécanique ? Patiemment, régulièrement, il faut réexpliquer comment on communie dignement. Il est même parfois utile de rappeler qu'on peut toujours librement communier sur la langue, mais sans jamais insister sur ce point. Si on communie dans la main, qu'on fasse de ses deux mains, bien placées l'une sur l'autre, un beau trône pour recevoir le Seigneur, qu'on fasse un pas sur le côté pour permettre au suivant de s'approcher et qu'avant de se mettre en route, avant de se retourner pour aller vers sa place, se tenant encore immobile, on prenne lentement, lentement, le Corps de Jésus pour le porter à sa bouche et, de là, l'accueillir dans un cœur aimant et silencieux.

L'épreuve est à son comble quand, sans la préparation suffisante, on communie, dans une grande assemblée, sous les deux espèces (pratique rare, heureusement). On voit alors des personnes qui, ayant déjà consommé l'hostie, trempent les doigts dans le précieux Sang. D'autres y trempent l'hostie d'un geste brutal et rapide, répandant des gouttes sur le sol, si bien qu'il faut les éponger ensuite, respectueusement, avec le purificatoire. La seule manière sûre de distribuer la communion sous les deux espèces, c'est que le prêtre lui-même trempe délicatement l'hostie dans le saint Sang et la dépose sur la langue du communiant ou, dans les petites assemblées, c'est que le communiant lui-même boive au calice que le ministre lui présente.

Je me suis permis d'évoquer assez longuement cette banalisation de la communion tant elle me paraît grave. Et je le fais sans méconnaître le nombre très grand des personnes, la majorité sans doute, qui communient respectueusement. Il n'empêche que, dans le contexte actuel, communier devient presque un droit (on entend même parfois parler de « droit à l'eucharistie » !), une évidence banale, comme de prendre un biscuit quand circule le plateau lors d'un apéritif. Un signe non trompeur de cette banalisation : le grand nombre des personnes qui communient et le petit nombre de ceux qui demandent le pardon sacramentel du Seigneur, alors que ce pardon serait, en bien des cas, fort utile, voire même nécessaire. On communie trop pour ce qu'on se confesse !

Un tel climat renforce la peine de divorcés remariés fervents, pour qui l'hostie consacrée est vraiment le Corps très saint de Jésus ressuscité : à peu près tout le monde communie, et parfois n'importe comment, et nous pas, alors que nous y croyons de tout notre cœur et le désirons de tout notre être...

Les difficultés
de solutions pastorales nouvelles

C'est pour les cas de ce genre (évoqués dans *Familiaris Consortio*, § 84) que certains pasteurs ont émis récemment le souhait d'un assouplissement de la discipline de l'Église en vue de solutions pastorales nouvelles.[12] Dans leur esprit, il ne devait pas s'agir d'une sorte d'autorisation générale de communier concédée administrativement à des « catégories » de divorcés remariés ; il ne devait pas s'agir non plus d'instaurer une espèce de droit particulier, à l'usage de certains, à l'intérieur du droit général de l'Église. Leur visée était plutôt de reconnaître qu'en certaines situations il est légitime qu'un divorcé remarié prenne en conscience la décision occasionnelle de communier, à condition d'avoir éclairé sa conscience dans la prière, par l'enseignement de l'Église et avec les conseils d'un prêtre avisé. Dans cette hypothèse, revenant à tolérer

---

12. Cf. spécialement les évêques de la Province ecclésiastique du Rhin supérieur dans un document du 10 juillet 1993 (« Documentation catholique », n° 2082 du 21 novembre 1993).

l'accès à la communion sans l'approuver formellement, quelques conditions auraient dû être remplies en vue d'un juste jugement de la conscience :

- un temps éprouvé de conversion spirituelle ;
- la reconnaissance des torts éventuels ;
- l'impossibilité de la réconciliation avec le premier conjoint ;
- la réparation des injustices commises ;
- l'absence de scandale à l'égard du conjoint lésé ;
- la stabilité de la seconde union ;
- le désir authentique et confirmé d'une vraie vie chrétienne ;
- la possibilité de communier sans scandale ;
- l'entretien d'un vrai dialogue pastoral avec un prêtre avisé.

On peut sympathiser avec ce genre de propositions et surtout avec l'intention pastorale qui les anime, mais il ne faut pas sous-estimer les difficultés qu'elles posent. À trop vouloir déterminer des cas et des situations types où des divorcés remariés pourraient prendre en conscience la décision éclairée de communier, à trop prévoir de dispositions pour rendre possible l'accès à l'Eucharistie, on finit quand même par introduire ce qu'on voulait éviter, à savoir un droit particulier, à l'usage de certains, à l'intérieur du droit général de l'Église. De plus, dans le contexte actuel des Églises d'Occident, on risque d'ouvrir officiellement une porte qui débouchera sur une dévaluation plus grande encore du mariage indissoluble et de l'Eucharistie. Mieux vaut donc, dans la situation présente, accueillir, en les comprenant bien, les directives permanentes de Rome en la matière. Si celles-ci doivent évoluer un jour, ce ne pourra, de toute façon, être le cas que dans l'obéissance à la volonté du Seigneur, laquelle ne se découvre pas par la révolte ou la fronde, mais dans la prière et le sens chrétien authentique, ce qui est d'ailleurs bien la disposition d'esprit de ces évêques qui ont cherché des voies nouvelles en une matière particulièrement difficile. Dans la situation présente, essayons donc plutôt de saisir l'intention du Magistère de l'Église en ce domaine, tel qu'il s'est exprimé récemment dans la Lettre de la Congrégation pour la Doctrine de la Foi.

L'accueil des directives de Rome

La Lettre de la Congrégation pour la Doctrine de la Foi, publiée le 14 septembre 1994 par le Cardinal Ratzinger avec l'approbation du Pape, décourage manifestement le type d'ouverture pastorale préconisé par certains pasteurs et évoqué ci-dessus. Le document romain mentionne lui-même les cas limites de chrétiens injustement abandonnés, de ceux qui sont convaincus de la nullité de leur mariage précédent ou qui ont parcouru un long chemin de réflexion et de pénitence. Même dans ces cas-là, la Lettre refuse toute solution pastorale qui permettrait aux divorcés remariés, fût-ce moyennant l'accord d'un conseiller spirituel, de prendre en conscience la décision de communier. L'abstention de la communion demeure la règle proposée à la conscience des fidèles se trouvant dans ces situations.

Cette sévérité peut étonner. Mais essayons d'abord de la comprendre. On demande au Magistère de l'Église d'être compréhensif. En retour, qu'on essaie aussi de l'interpréter positivement ! Il n'est pas facile pour le Pape et pour le Cardinal Ratzinger de faire le bon choix en une telle matière. Rome doit veiller au bien de toute l'Église. En Occident, nous avons actuellement du mal, en raison de la culture présente, d'assumer la vérité du Christ concernant le mariage indissoluble et l'Eucharistie. Dans d'autres régions de l'Église, cette difficulté n'existe pas. Il y a des infidélités de fait, mais on n'y remet pas en cause la réalité même du mariage indissoluble et l'on s'y montre très strict, et avec grande conviction, sur l'accès des divorcés remariés à l'eucharistie. Il serait très dangereux d'encourager une discipline moins exigeante pour les chrétiens d'Occident (qui ont déjà tant de facilités par ailleurs) que pour ceux d'Afrique ou d'Asie ou d'Amérique Latine.

La situation serait différente si nous nous trouvions, en Occident, dans un contexte de haute estime de l'alliance conjugale indissoluble et de grand respect pour l'eucharistie. Sans doute pourrait-on alors se montrer plus souple, en certaines situations précises, sans que cela encourage une dangereuse dérive. Ce n'est manifestement pas le cas actuellement. Peut-être la crainte du Pape est-elle donc que l'ouverture officielle d'un accès à la communion eucharistique pour certains divorcés remariés renforce aujourd'hui, dans certaines régions de l'Église, la banalisation du mariage et de l'eucharistie qui y sévit. C'est comme cela que je comprends l'attitude de Rome. J'espère, dans la prière, que la situation spirituelle de nos Églises d'Occident pourra évoluer favorablement et, peut-être, permettre un jour des solutions pastorales nouvelles. D'ailleurs, la Lettre du Cardinal Ratzinger reconnaît explicitement que, dans l'histoire de l'Église, des solutions pastorales plus tolérantes furent proposées par certains Pères de l'Église et entrèrent en quelque mesure dans la pratique, mais elle note en même temps que ces attitudes plus souples ne recueillirent cependant jamais le consensus unanime des Pères et n'en vinrent jamais à constituer la doctrine commune de l'Église ni à en déterminer la discipline.

Aucune discrimination blessante

La Lettre de Rome est sévère, certes, mais elle n'est pas inhumaine et est habitée par une réelle charité pastorale. Lors de sa parution en 1994, certains ont feint de croire que ce document proposait une ségrégation publique des divorcés remariés. Il n'en est évidemment pas question. Rome ne demande aucunement de refuser publiquement la communion à ceux qui se présentent, même si leur situation conjugale irrégulière est connue du ministre de l'eucharistie, à moins qu'il ne s'agisse d'une provocation délibérée. L'exigence de s'abstenir de communier s'adresse à des consciences et ne veut pas encourager des comportements blessants. C'est donc au préalable qu'il faut avoir averti les fidèles de la discipline de l'Église. Car il faut les avoir avertis. D'où, parmi d'autres initiatives, la rédaction de ce livre. Ce serait une hypocrisie inacceptable que de laisser entendre aux fidèles concernés : « En principe, vous ne pouvez pas communier, mais venez quand même, et on ne vous refusera pas la communion... » ! Au contraire, si le prêtre connaît très personnellement des divorcés remariés qui communient régulièrement, il priera le Seigneur de lui donner une occasion de réfléchir paisiblement avec eux à leur comportement. Mais il n'est pas question de renvoyer publiquement, au moment même de la communion, les personnes qui se présentent. C'est d'eux-mêmes que les fidèles concernés doivent s'abstenir de communier (même s'ils peuvent se présenter avec les autres pour se faire bénir).

Ne pas se braquer sur la question de la communion

Ce qui, par contre, est regrettable dans la Lettre romaine, c'est qu'elle ait été amenée, en raison des circonstances de l'actualité, à traiter isolément de la communion eucharistique des divorcés remariés, sans resituer cette question douloureuse dans le contexte plus vaste du respect dû par tous les baptisés au mariage indissoluble et au sacrement de l'eucharistie. On donne ainsi l'impression de montrer spécialement du doigt cette catégorie de baptisés. D'où l'importance que les évêques et les prêtres relaient l'enseignement du Magistère romain avec toutes les nuances et toute la compréhension pastorale qui peuvent le rendre accessible.

De ce point de vue, on souhaiterait que les évêques disposent de tels documents longtemps avant leur publication dans la presse, afin d'avoir le temps d'en préparer une présentation pastorale adaptée. Sur le vif, sans le recul suffisant, on ne peut guère que parer au plus pressé en répondant aux questions posées par les médias ou par les fidèles.

Peut-être pourrait-on également émettre le vœu que, sur des questions aussi délicates, les documents du Magistère romain fassent déjà une partie du travail nécessaire pour une présentation pastorale adéquate des exigences légitimes de l'Église. Le souci pastoral y est certes présent, mais trop uniquement sur le plan des déclarations d'intention, et pas assez dans la chaleur du ton. Certes, en principe, ces documents sont d'abord destinés aux pasteurs de l'Église, lesquels peuvent aisément en saisir le style sobre et concis. Mais comme ces textes tombent aussitôt dans le domaine public, mieux vaudrait y incorporer d'emblée un langage pastoral plus chaleureux, même si, reconnaissons-le, il n'est facile de trouver un style pastoral adapté à toutes les régions de l'Église. On se plaint parfois que les textes de Rome sont trop longs. Celui-ci aurait gagné à être moins court. Les dix rapides paragraphes de la Lettre suffisent amplement pour les spécialistes, mais, pour les médias et le grand public, c'est un genre littéraire qui laisse une impression – non fondée – de dureté. C'est bien pourquoi les pasteurs locaux peuvent et doivent enseigner la même doctrine, mais sur un ton différent et avec toutes les nuances voulues.

Qu'en est-il de l'accès au sacrement de la réconciliation ?

J'ai longuement traité de la difficile question de l'accès à la communion eucharistique pour les divorcés remariés parce que, la communion étant plus fréquentée que la confession en nos régions, c'est la question qui se pose le plus souvent. Mais l'accès au sacrement de la réconciliation fait problème, lui aussi.

Cette question également est source de scandale. Pourquoi les divorcés remariés ne pourraient-ils pas se confesser comme tout le monde ?[13] Seraient-ils coupables du seul péché sans pardon possible ? Certes non. À tout péché miséricorde. À condition cependant que l'on se repente de ses fautes et que l'on soit décidé à changer de vie.

Le problème posé par une situation permanente

Or le gros problème du remariage civil après un divorce est qu'on s'y engage dans une situation durable de contradiction avec l'alliance conjugale telle que le Seigneur nous la propose. Si l'adultère est commis occasionnellement, c'est là une faute très grave, mais dont il est possible de se convertir et d'obtenir le pardon en décidant qu'à partir d'aujourd'hui on sera fidèle à son conjoint. Par contre, si quelqu'un se remarie après un divorce, il s'établit dans une situation permanente où il va vivre maritalement avec une personne qui n'est pas son conjoint « dans le Seigneur ». Voilà le nœud du problème ! Et, au bout d'un certain temps, il devient généralement impos-

---

13. « Comme tout le monde » est une façon de parler pour le moins optimiste... Si cela pouvait être vrai !

sible de revenir en arrière. Parfois, au début, dans un grand sursaut, on pourrait rompre. Mais après des années, surtout lorsqu'il y a des enfants, il est impossible de se séparer et même il s'impose moralement de rester ensemble. Dans cette situation inextricable où l'on s'est engagé, que pourrait signifier le sacrement de la réconciliation puisqu'on se trouve dans l'incapacité de changer de vie sur un point qui fait justement problème ?[14]

L'invitation à vivre la continence dans le couple

C'est pourquoi, selon la Tradition de l'Église, le sacrement de la pénitence n'est accessible aux divorcés remariés – comme à beaucoup d'autres dans des situations de vie contraires à l'Évangile – qu'à la condition d'un

---

14. À noter que la difficulté serait la même en tout autre domaine où l'on se trouverait durablement engagé dans une situation de contradiction permanente avec une exigence de l'Évangile. Ainsi, par exemple, si je me suis affilié à une société contraire à la foi et hostile à l'Église, je ne puis obtenir mon pardon qu'après en avoir pris congé. On peut obtenir le pardon même des crimes les plus horribles, mais, si l'on se trouve dans une situation qui y expose durablement, il faut d'abord porter remède à cette situation, comme dans le cas, par exemple, de l'appartenance à un réseau de pédophilie.

changement de vie radical. Comme l'écrit Jean-Paul II dans *Familiaris Consortio* (§ 84) :

> *La réconciliation par le sacrement de pénitence – qui ouvrirait la voie au sacrement de l'Eucharistie – ne peut être accordée qu'à ceux qui se sont repentis d'avoir violé le signe de l'Alliance et de la fidélité au Christ, et sont sincèrement disposés à une forme de vie qui ne soit plus en contradiction avec l'indissolubilité du mariage. Cela implique concrètement que, lorsque l'homme et la femme ne peuvent pas, pour de graves motifs – par exemple, l'éducation des enfants –, remplir l'obligation de la séparation, ils prennent l'engagement de vivre en complète continence, c'est-à-dire en s'abstenant des actes réservés aux époux.*

En entendant ce langage, certains s'esclaffent : « Le Pape rêve-t-il ? Laissez-nous rire ! Vivre comme frère et sœur, à quoi cela ressemble-t-il ? » À noter que la même réaction accueillait Jésus quand il formulait certaines exigences de l'Évangile concernant l'argent ou concernant, précisément, l'alliance conjugale. Luc note explicitement, à propos de la parole tranchante de Jésus : « Vous ne pouvez servir Dieu et l'argent » : « Les Pharisiens, qui aimaient l'argent, entendaient tout cela et se moquaient de lui » (Lc 16, 14). Quant aux disciples, nous l'avons vu, ils étaient atterrés par les exigences de Jésus concernant la fidélité conjugale (cf. Mt 19, 10).

La nécessité d'une forte motivation spirituelle

Je connais des couples de divorcés remariés qui, après un chemin de conversion, s'engagent avec fruit dans cette voie de la continence. Cela suppose, bien sûr, une forte motivation spirituelle et un accord profond dans le couple. En effet, si l'on vit en couple, ce n'est normalement pas pour vivre comme frère et sœur... Ceux qui, sans la préparation spirituelle voulue, sur un simple élan généreux, voudraient s'engager dans la voie de la continence risqueraient de n'aboutir qu'à l'éclatement de leur couple, ce qui serait une catastrophe, un nouvel échec s'ajoutant alors à l'échec précédent. Mais avec une motivation spirituelle profonde et avec le soutien de fraternités comme celles dont il a été question ci-dessus (« Notre-Dame de l'Alliance », « Le Jourdain », « Solitude-Myriam », « Fraternité de l'Espérance », « Amour et Vérité », etc.), beaucoup seraient capables, fût-ce à partir d'un âge plus mûr, de s'engager progressivement – avec des dérapages occasionnels – dans ce style de vie nouveau et d'y puiser beaucoup de force pour eux-mêmes et pour tant de couples de chrétiens en situation conjugale irrégulière. J'en connais un certain nombre et j'admire leur sens évangélique et leur amour du Christ par-dessus tout. Je les remercie ici pour leur témoignage.

J'ai parlé de « style de vie nouveau », car vivre la continence dans le couple, ce n'est pas seulement s'abstenir des relations charnelles, c'est vivre autrement la tendresse quotidienne et l'union des cœurs du fait qu'on a clairement reconnu que le conjoint avec lequel on vit n'est pas un conjoint « dans le Seigneur ». À défaut de pouvoir intégrer d'emblée dans la vie du couple cette dimension de réserve charnelle et affective, au moins pourra-t-on faire place occasionnellement à des gestes de renoncement conjugal attestant du bon propos d'une vie conforme à l'Évangile. La grâce de Dieu aidera progressivement à aller plus loin. Pour ce faire, on se placera utilement sous la protection de la Sainte Famille de Nazareth.

Le libre accès aux sacrements

Il est clair que, pour les couples qui cherchent ainsi à faire toute la vérité sur leur situation de vie, l'accès au sacrement du pardon et, par là même, à la communion eucharistique est pleinement ouvert. En ce qui concerne la communion, ils veilleront cependant à la vivre dans un contexte dénué d'ambiguïté. Tout le monde, en effet, n'est pas au courant de leur démarche...

Point de miséricorde pour les autres ?

Est-ce à dire que les autres couples de divorcés remariés, qui ne veulent ou ne peuvent s'engager dans la voie de la continence – l'immense majorité actuellement – sont radicalement coupés des sources de la miséricorde ? En aucune manière ! Comme le dit Jean-Paul II, toujours dans *Familiaris Consortio* (§ 84) :

> *Avec une ferme confiance, l'Église croit que même ceux qui se sont éloignés du commandement du Seigneur et continuent de vivre dans cet état pourront obtenir de Dieu la grâce de la conversion et du salut, s'ils persévèrent dans la prière, la pénitence et la charité.*

Il en va de la miséricorde de Dieu comme de la communion au Christ. Il n'est pas toujours possible de communier au Christ « sacramentellement », en recevant la « communion ». C'est, notamment, le cas pour la plupart des divorcés remariés. Mais, comme il a été expliqué ci-dessus, le Seigneur n'est pas prisonnier de ses sacrements et, quand nous ne pouvons pas, pour une raison ou une autre, communier à lui sacramentellement, il nous donne de communier à lui autrement. Il réserve même des grâces de choix à ceux qui, par amour pour lui et par respect de la discipline de son Église, s'abstiennent de « communier » quand il le faut.

Le juste accueil de tous dans l'amour miséricordieux

Il en va de même pour le sacrement du pardon. Si quelqu'un reste pris dans une situation qui, durablement et structurellement, le met en porte-à-faux par rapport à l'Évangile, en quelque matière que ce soit (y compris la justice sociale !), il ne peut recevoir l'absolution « sacramentelle », laquelle comporte, par nature, un aspect disciplinaire public. Mais cela ne veut pas dire que la miséricorde de Dieu ne l'atteint pas au cœur de sa situation !

Il arrive souvent, spécialement lors de grands rassemblements, que l'on reçoive en confession des divorcés remariés. Sauf décision de leur part de changer radicalement de vie – ce qui arrive parfois –, il est évidemment impossible de leur donner l'absolution « sacramentelle ». Est-ce à dire qu'il faille les renvoyer comme des malpropres en leur disant : « Pour toi, pas de miséricorde ! » Au contraire, Jésus manifeste, dans tout l'Évangile, une tendresse de prédilection pour les pécheurs. Et pourtant il s'agissait parfois de « gros poissons » : des prostituées, des publicains qui collaboraient avec l'occupant et s'enrichissaient sur le dos des pauvres, etc. Il leur réserve bon accueil, au point de susciter l'indignation des Pharisiens et des scribes : « Cet homme fait bon accueil aux pécheurs et mange avec eux ! » [15] (Lc 15, 2). À la suite de Jésus, le bon pasteur accueille donc tout le monde lors de la célébration du pardon. Et quand il ne peut donner l'absolution sacramentelle, qu'il se mette, avec le pénitent, en prière devant Celui dont l'infinie miséricorde n'est pas prisonnière du seul « sacrement » de la réconciliation. Il peut dire, par exemple :

« Seigneur, nous voici devant toi, pécheurs tous les deux : mon frère (ma sœur) dans sa situation de vie et moi qui dois l'accueillir en ton nom. Tu connais notre cœur mieux que nous-mêmes. Tu sais – et il (elle) comprend –

---

15. À noter cependant qu'il ne s'agissait pas du repas eucharistique, contrairement à ce que certains insinueraient facilement pour justifier la communion tous azimuts !

que je ne puis maintenant lui donner l'absolution qui réconcilie totalement avec toi et rétablit dans la pleine communion de l'Église. Mais ton cœur est plus grand que tout et n'est prisonnier de rien. Je t'en prie, Seigneur, achève en mon frère (ma sœur) comme en moi l'œuvre de notre conversion. Fais-nous grandir en ton amour à partir de notre vie telle qu'elle est maintenant. Nous avons cette confiance que ta grâce saura se frayer son chemin jusqu'à l'intime de notre cœur. Viens donc apporter à mon frère (ma sœur) toutes les grâces de pardon qui lui sont destinées aujourd'hui, fais-lui éprouver toute la douceur de ton amour miséricordieux et conduis-le (la) jusqu'à la pleine conversion de sa vie. Nous te le demandons à toi, l'Agneau de Dieu qui portes les péchés du monde entier et veux le salut de tous les hommes. Amen. »

L'expérience montre que ce genre d'accueil, tout en respectant la vérité du sacrement du pardon et donc en ne la bradant pas, laisse les pénitents qui ne peuvent encore recevoir l'absolution dans une grande paix et leur donne le goût de la miséricorde. Et cela les conforte dans le désir d'assumer leur situation en conscience et dans la vérité.

Unir le souci de la vérité et l'engagement de la conscience

On aura d'ailleurs sans doute remarqué que toute la pensée pastorale de cet ouvrage est gouvernée par cette double préoccupation : 1) que soit respectée la *vérité* de l'alliance conjugale telle que le Seigneur la propose à ses disciples ; 2) qu'au cœur même de leurs blessures et de leurs espérances, les personnes marquées par l'échec conjugal puissent assumer leur situation avec une *conscience* personnelle éclairée et comprennent de l'intérieur les exigences de l'Évangile et de l'Église. C'est ce rôle capital de la conscience personnelle – souvent invoqué en ces matières – qu'il nous faut préciser dans le dernier paragraphe de notre parcours.

X

LA JUSTE CONCEPTION DU RECOURS À LA CONSCIENCE

L'importance capitale de la conscience personnelle

Dans le débat concernant l'accueil des divorcés remariés à l'Eucharistie – comme sur d'autres sujets brûlants (contraception, euthanasie, etc.) –, on entend souvent évoquer le rôle décisif de la conscience. À juste titre, mais à condition de le bien comprendre.

Il n'y a pas de comportement moral authentique sans l'engagement personnel de la conscience. Nous ne sommes pas des mannequins. La morale ne consiste pas à appliquer automatiquement un règlement sans savoir pourquoi et sans en saisir le bien-fondé. Autrement dit, pas de morale sans intériorité ; pas de morale sans ce sanctuaire intime où tout se décide et que nous appelons notre « conscience ». Si l'on veut éviter les impasses d'une morale toute faite, si l'on veut sortir de la passivité, on ne saurait donc trop insister sur l'importance du jugement moral *personnel*.

Mais attention aux dérapages non contrôlés !

Beaucoup en restent là et concluent qu'en fin de compte, en morale, seule importe la conscience personnelle et que chacun agit bien dès lors qu'il agit « selon sa conscience », quoi qu'il en soit des règles morales. Ici commence le grand dérapage ! C'est pourtant *grosso modo* ce que j'ai lu bien souvent ces derniers temps, parfois même sous la plume de moralistes ou de pasteurs. Cela revient à dire : l'Église demande qu'on ne fasse pas de cérémonie religieuse à l'occasion du remariage civil de divorcés, elle demande aux divorcés remariés de s'abstenir de la communion sacramentelle, mais, en fait, chacun agira finalement selon sa conscience… Certes, on ajoute souvent – et on a raison – qu'il doit s'agir d'une conscience « éclairée », mais comme on ne précise pas que cet éclairage consiste précisément à intérioriser les exigences du Seigneur et de son Église, le résultat le plus clair de l'opération est que chacun fera, en bonne conscience, tout ce qu'il voudra…

C'est exactement de cette manière qu'on a traité l'encyclique *Humanæ Vitæ* en 1968. Au lieu de voir ce qu'il y avait de prophétique dans cette mise en garde contre la contraception, au lieu de valoriser les nouvelles méthodes non contraceptives de régulation des naissances préconisées par l'Église et dont certaines sont aujourd'hui parfaitement fiables en même temps que très épanouissantes[16], on s'est contenté, dans nombre de déclarations dites « pastorales », de dire que l'encyclique – dont on était malgré tout un peu gêné ! – était importante, mais que si, avec la compétence voulue – malheur aux pauvres « incompétents » ! – et après le temps voulu de prière et de réflexion, on pensait « en conscience » autrement, on pouvait suivre sa conscience. Il n'y avait pas moyen plus élégant de reléguer à tout jamais l'encyclique de Paul VI dans un rayon de sa bibliothèque... Certes, il est vrai que, finalement, nous sommes toujours renvoyés à notre conscience et serons jugés sur ce que nous avons fait en conscience, mais cela ne signifie pas que nous puissions, en deux temps et trois mouvements, nous débarrasser des exigences objectives de la loi morale ou de la discipline de l'Église.

---

16. Cf., sur ce point, mon ouvrage *Jésus et ton corps*.

La conscience est juge et témoin, mais non source du bien

La conscience personnelle est bien le *juge* ultime en matière morale. Et ce *jugement* personnel de la conscience est indispensable pour que la vie morale ne soit pas du pur automatisme, une sorte de dressage impersonnel. Mais, tout en étant le *juge* le plus proche du bien à faire et du mal à éviter, la conscience n'est pas pour autant la *source* du bien et du mal. Elle « juge » du bien à accomplir par moi ici et maintenant, mais elle n'est pas maîtresse du bien et du mal comme tels ; ce n'est donc pas elle qui « décide » du caractère objectivement bon ou mauvais de telle ou telle action.[17] Exactement comme, dans un procès, c'est bien le juge qui, en fin de compte, apprécie l'infraction commise contre la loi, mais il n'est pas pour autant l'auteur de la loi et il ne dispose pas de celle-ci à son gré. Bref, le juge applique la loi avec un discernement responsable et la met ainsi activement en œuvre, mais il n'en est ni la source ni le maître.

Pour employer le langage de l'encyclique *Veritatis Splendor*, le jugement de la conscience

---

17. Sur toutes ces questions, cf. mes deux ouvrages : *Le fondement de la morale*, Paris, Cerf, 1991 et *La morale en questions*, Paris, Éditions de l'Emmanuel, 1994.

est en nous l'ultime *témoin* de la vérité sur le bien à accomplir et le mal à éviter. Mais comme ce témoignage intime de la conscience n'est pas la source du bien, mais seulement son écho en nous, le premier devoir de la conscience est de se bien former et de s'éclairer. Pour ce faire, elle se laissera toujours d'abord instruire avec docilité par l'enseignement du Seigneur et de son Église. C'est ici que le bât blesse bien souvent ! Souvent, en effet, on ne perçoit de l'enseignement de l'Église que des caricatures simplistes dues soit aux déficiences dans la communication de la part des responsables de l'Église soit à la mauvaise volonté de ceux qui devraient le traduire auprès de l'opinion publique. Les comptes sont ainsi parfois très vite réglés : l'Église dit ceci ou cela – si tant est qu'elle le dise vraiment – mais moi, j'ai ma conscience... Dans un tel climat, le recours – de soi si important – à la conscience personnelle devient un alibi pour se soustraire à l'exigence morale ou à la discipline de l'Église.

Le juste rôle de la conscience et le recours à l'« épikie »

Or, bien compris, l'indispensable jugement de la conscience personnelle n'a pas pour mission de nous autoriser à nous soustraire à la loi, mais de nous indiquer comment, compte tenu de notre situation personnelle, nous allons concrètement la vivre de manière responsable. C'est dans cet esprit que, tout au long de cet ouvrage, nous avons cherché à montrer comment il est possible d'assumer intelligemment et activement les exigences de l'Évangile et les appels de l'Église. À propos de la communion eucharistique des divorcés remariés, ce serait donc un abus d'invoquer systématiquement la liberté de conscience pour échapper à la discipline de l'Église. Nous avons même dit que ce n'était pas une bonne voie que de réclamer de l'Église des dispenses valables pour telle ou telle catégorie de divorcés remariés. Par contre, il reste acquis que, dans le cas d'une règle de discipline ecclésiale – n'ayant pas le même caractère contraignant que les commandements de Dieu –, des situations particulières, non prévues par l'autorité compétente, peuvent exceptionnellement se présenter qui justifient, occasionnellement, une certaine latitude dans le jugement de la conscience. C'est ce que les anciens moralistes appelaient l'« épikie » (terme grec signifiant « équité », « bienveillance ») et que les canonistes désignent sous le nom d'« équité canonique ». Il ne s'agit pas, dans une juste « épikie », de supprimer la loi en vigueur, il ne s'agit pas non plus de prévoir une série d'exceptions à la règle, il s'agit plutôt d'une application bienveillante de la norme dans un cas particulier et compte tenu de circonstances spéciales. En matière d'accès à la communion eucharistique comme en toute autre matière relevant non de la loi naturelle mais de la loi positive, on peut donc comprendre que, la règle étant sauve[18], la conscience éclairée estime pouvoir, occasionnellement, en raison de circonstances exceptionnelles, interpréter cette règle avec souplesse dans un sens contraire à la lettre de la norme, mais fidèle à son esprit.[19]

---

18. À la différence de ce qui se passe dans une morale dite « de la situation », laquelle laisse tomber la règle pour ne retenir que des cas singuliers. Sur la morale de situation, cf. mon livre *Le fondement de la morale*, pp. 160-163.

19. On m'a cité le cas d'une petite fille qui, le jour de sa première communion, est revenue à sa place, auprès de sa maman divorcée remariée, en tenant encore l'hostie dans sa main (chose, bien entendu, à éviter !) et, la partageant en deux, lui en a offert la moitié. Que la maman qui habituellement, et avec raison, ne communiait pas ait, en cette circonstance, jugé pouvoir le faire, tout en expliquant ensuite à sa fille qu'il valait mieux ne plus procéder de la sorte à l'avenir, voilà ce que chacun peut comprendre aisément, à commencer par le Seigneur et son Épouse, l'Église. On peut ainsi imaginer des cas semblables, toujours exceptionnels et occasionnels, où ce jugement bienveillant de la conscience serait acceptable (un événement familial exceptionnel, par exemple, tel que la première communion ou la confirmation d'un enfant). Mais il faut éviter de vouloir codifier ces cas, sinon on quitte le domaine de l'épikie pour celui d'un droit particulier ou de dispenses de la règle explicitement refusés

Après ces dernières mises au point, il nous reste à conclure en soulignant encore une fois l'enjeu pastoral des réflexions qui ont été ici développées.

---

par le législateur. Tout au plus faut-il noter que, dans l'hypothèse du recours à l'épikie en matière d'accès à la communion eucharistique, quelques conditions doivent être remplies en vue d'un juste jugement de la conscience. Il faut tout d'abord que soient vérifiées les conditions d'« intention droite » et d'« état de grâce » requises en toute communion eucharistique. Dans le cas de divorcés remariés, ces conditions ne sont pas réalisées sans 1) un temps éprouvé de conversion personnelle ; 2) la reconnaissance des torts éventuels ; 3) la réparation des injustices commises ; 4) le désir authentique et confirmé d'une vraie vie chrétienne. Le respect de la discipline eucharistique demande en outre a) la limitation de la communion aux circonstances vraiment exceptionnelles ; b) la possibilité de le faire sans scandale. Notons encore en terminant que les mêmes trois évêques de la Province ecclésiastique du Rhin supérieur, mentionnés ci-dessus (cf. note 12), ont publié en octobre 1994, c'est-à-dire un mois après la Lettre de la Congrégation pour la Doctrine de la Foi, un Message qui s'efforce loyalement de tenir compte des remarques de Rome et les amène à réviser en conséquence la présentation de leur précédente Lettre pastorale (de juillet 1993). Ils tendent à y ramener leur pastorale d'ouverture dans les limites traditionnelles de l'épikie, qu'ils mentionnent d'ailleurs explicitement. Leur souci de dialogue vrai avec le Magistère de l'Église de Rome est édifiant.

EN GUISE DE CONCLUSION

De quelques interprétations possibles...

Tout au long de cet ouvrage, notre préoccupation a été de répercuter en parfaite clarté l'enseignement de Jésus et de son Église sur l'alliance conjugale et, en même temps, de manifester la miséricorde pleine de douceur et de patience avec laquelle le Seigneur, sans rien renier de ses exigences, rejoint et accueille ses enfants tels qu'ils sont, au cœur même de leur situation de vie. Si j'ai réussi en quelque manière à tenir ce pari, j'en rends grâce à Dieu et lui demande que, par le don de son Esprit Saint, ce livre puisse faire du bien à tous ceux à qui il était destiné.

Certains regretteront que je n'aie pas pris de « recul », comme on dit, par rapport aux appels très stricts de l'Évangile et de l'Église catholique en la matière. Certes, j'ai exprimé sincèrement des réserves sur certains aspects du mode de communication employé par le Magistère de l'Église en ce domaine. Mais, sur le fond, je désire être – et espère être ! – en pleine communion avec l'enseignement de l'Église de Rome, garante de l'unité visible de l'Église. Sinon, à quoi cela sert-il d'être catholique ?

D'aucuns regretteront même le ton fraternel et chaleureux que, par souci pastoral, j'ai spontanément adopté dans ces pages. Ils auraient peut-être préféré, pour faire écho à une doctrine exigeante, un langage sévère et impitoyable. Ils verront dans la douceur du ton le comble de l'hypocrisie : la main de fer dans un gant de velours !

D'autres encore jugeront que cet essai demeure prisonnier d'un idéalisme impénitent. On proposerait une belle théorie, des attitudes héroïques, qui forcent peut-être l'admiration, mais planent loin au-dessus de la condition concrète des gens. Le lecteur aura perçu que ma conviction est plutôt qu'avec l'inventivité de l'amour il est possible de rejoindre en vérité, à partir même des appels de l'Évangile et de l'Église, les situations de vie de tous les blessés de l'amour et de toucher leur cœur. Pour le reste, il est vrai que le

Seigneur, en nous appelant à la sainteté et en nous demandant de le suivre chaque jour en portant notre croix derrière lui (cf. Lc 9, 23), place la barre vraiment très haut, si haut que l'Évangile serait invivable et prodigieusement décourageant s'il n'y avait en même temps cette miséricordieuse patience du cœur du Christ qui ne vient pas biffer l'exigence évangélique, mais s'applique à réconforter celui qui peine à l'assumer. Oui, l'appel à la sainteté s'adresse à tous, y compris à tous mes frères et sœurs en situation conjugale blessée ou irrégulière, et même à moi…

Un seul souci : qu'amour et vérité se rencontrent

En commençant cet ouvrage, j'exprimais le souhait d'y conjuguer le souci de la vérité et celui de la miséricorde. Si ce pari a pu être tenu de manière convaincante, j'en remercie avec vous le Seigneur et son Église qui, patiemment, forment notre jugement, ainsi que tous ces frères et sœurs en situation conjugale heureuse ou difficile qui nous éclairent par leur témoignage. À travers cette recherche commune, que l'Esprit Saint lui-même nous apprenne à toujours mieux conjuguer la charité pastorale et le respect de l'alliance conjugale afin qu'en tout « amour et vérité se rencontrent » (Ps 84, 11).

> Namur, le 31 décembre 1995,
> en la fête de la Sainte Famille,
>
> † André-Mutien LÉONARD,
> *évêque de Namur.*

TABLE DES MATIÈRES

INTRODUCTION
 La genèse de ce document 7
 L'encouragement aux jeunes couples
 et aux familles unies 9
 L'encouragement aux victimes
 de l'échec conjugal 11
 Le pari de conjuguer vérité
 et miséricorde 12
 Les divers thèmes à aborder
 dans cet esprit 14

I. L'IMPORTANCE DE LA PRÉPARATION
 AU MARIAGE
 Le beau et redoutable pari
 du mariage chrétien 17
 Ne pas s'engager précipitamment
 dans le mariage chrétien 19
 S'approcher du mariage religieux
 par étapes ? 21
 Un grand merci aux mouvements
 de préparation au mariage 24

II. LA FIDÉLITÉ À LA GRÂCE DU SACREMENT
 Pas d'efficacité magique
 des sacrements ! 27
  Vivre de son sacrement de mariage 29

III. LA TRAVERSÉE DES INÉVITABLES ÉPREUVES

    Les retombées d'une culture de l'immédiat 31
    La fragilité du simple sentiment amoureux 33
    Apprendre à durer dans la volonté d'aimer 34
    Une aide précieuse 36
    La grâce irremplaçable du pardon 38

IV. LES CAS D'IMPASSE

    Des situations humainement bloquées 41
    Le divorce comme tel n'exclut pas de la communion 43
    L'encouragement à donner aux victimes du divorce 44
    Et la déclaration de nullité du mariage ? 45

V. LE RECOURS À LA DÉCLARATION DE NULLITÉ DU MARIAGE

    Un mariage vrai et accompli ne peut être annulé 47
    Mais un mariage peut n'avoir pas été valide 48
    Les cas de nullité pour absence ou défaut de consentement 50
    Aspects positifs et contraignants d'une telle procédure 52
    Se faire éclairer en cas de doute 55

TABLE DES MATIÈRES

VI. LA FIDÉLITÉ AU CONJOINT ABSENT

    L'appel à assumer la solitude
de la séparation..59
    Le tranchant de l'Évangile 62
    La douceur de la miséricorde 63
    Demeurer fidèle même à qui nous a
trahis..65
    Jésus vient lui-même porter
ta solitude 66
    L'indispensable soutien de frères
et sœurs dans la foi 69
    La joie d'une communion
et d'une fécondité nouvelles...................72
    Et tous les autres ?...75

VII. LES PROBLÈMES POSÉS
PAR UN REMARIAGE CIVIL

    Pourquoi n'aurait-on pas une seconde
chance ?...77
    L'inconséquence des reproches faits
à l'Église ou à Jésus 79
    Les curés ne s'arrangent-ils pas bien
entre eux ? 81
    Comment accueillir les divorcés
lors du remariage civil ? 83
    Bien discerner les diverses demandes.......85
    Refuser les ambiguïtés d'une
célébration liturgique................................86
    Se limiter à l'éventualité d'une prière
strictement privée......................................87
    Toujours allier miséricorde et vérité..........90

Multiplier les gestes d'accueil
qui respectent la vérité 92

VIII. LA PLACE DES DIVORCÉS REMARIÉS
DANS L'ÉGLISE

Un amour de prédilection
pour les plus blessés 95
Un appel vibrant de Jean-Paul II................96
Confier aux divorcés remariés
des tâches adaptées 99
Pour un accueil vrai et plein
d'imagination 100

IX. LA QUESTION DÉLICATE DE L'ACCÈS
À LA COMMUNION

L'Église aurait-elle le cœur dur ? 103
Les conditions requises
pour une bonne communion 104
Le sens de la discipline de l'Église............106
Et les autres situations
où communier est un scandale ! 107
Il ne s'agit pas d'une « sanction »
discriminatoire 109
Dieu n'est pas prisonnier
de ses sacrements. 110
L'attitude exemplaire
de certains divorcés remariés 113
Faire preuve d'imagination
dans l'accueil..114
La grande souffrance de certains 116
L'effrayante banalisation
de l'Eucharistie 118
Les difficultés de solutions
pastorales nouvelles...............................121

> L'accueil des directives de Rome 123
> Aucune discrimination blessante 126
> Ne pas se braquer sur la question
>   de la communion 127
> Qu'en est-il de l'accès au sacrement
>   de la réconciliation ? 129
> Le problème posé par une situation
>   permanente 130
> L'invitation à vivre la continence
>   dans le couple 131
> La nécessité d'une forte motivation
>   spirituelle 133
> Le libre accès aux sacrements 134
> Point de miséricorde pour les autres ? 135
> Le juste accueil de tous dans l'amour
>   miséricordieux 136
> Unir le souci de la vérité
>   et l'engagement de la conscience 139

X. LA JUSTE CONCEPTION DU RECOURS
   À LA CONSCIENCE
> L'importance capitale
>   de la conscience personnelle 141
> Mais attention aux dérapages
>   non contrôlés ! 142
> La conscience est juge et témoin,
>   mais non source du bien. 144
> Le juste rôle de la conscience
>   et le recours à l'« épikie » 145

EN GUISE DE CONCLUSION
> De quelques interprétations
>   possibles 149
> Un seul souci : qu'amour et vérité
>   se rencontrent 151

Achevé d'imprimer en mars 1999
dans les ateliers de Normandie Roto Impression s.a.
61250 Lonrai
Dépôt légal : avril 1999
N° d'imprimeur : 990741